KB270061

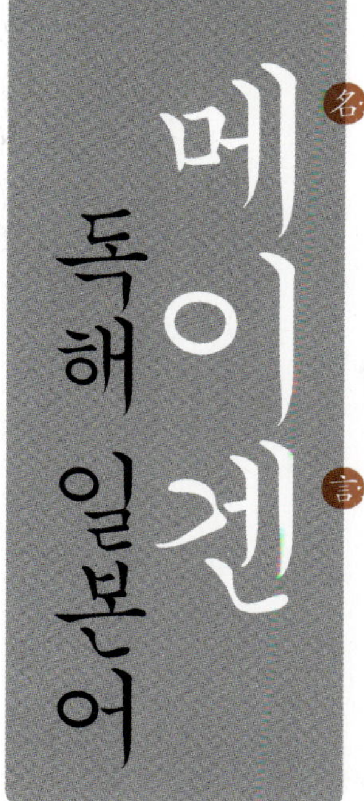

메이겐 名言

독해 일본어

일본어

조남성 · 김의영 · 田中祐輔 · 飯塚知子 · 川端祐一郎 공저

다락원

　이 교재는 한국의 일본어 교육현장의 일본어교육 전문가와 일본의 일본어교육 연구자, 일본어 학습자 등 한일 양국의 일본어 교육관련자들이 힘을 모아 제작하였으며, 중급에서 상급레벨로 스텝 업을 하려는 학습자를 대상으로 합니다.

　다양한 주제의 독해 활동을 통해 「비판적으로 읽는 능력」「일본사정, 일본인의 마음과 생각을 접하고 이해하는 능력」「학습자가 자신의 언어와 문화를 재인식하고, 발신하는 능력」을 양성하는 것을 목적으로 합니다. 여기서 「비판적으로 읽는 능력」은 자기 나름의 관점으로 타인의 생각을 이해하고 자신의 생각을 형성하여 그 생각을 타인에게 전하는 능력을 말하며, 현재 독해 교육에서 그 필요성이 크게 주목받고 있습니다.

　이러한 독해 교육을 실현하기 위해 선행연구조사, 일본 국어교과서 조사, 학습자대상 앙케이트 조사를 실시, 그 결과를 반영한 교재를 제작하게 되었습니다.

　이 교재의 특징은 다음과 같습니다.

1. 「명언」이라는 이제까지 없었던 새로운 주제의 독해 교재입니다. 일본의 학자, 스포츠 선수, 경영자, 문학작품, 드라마, 만화ㆍ애니메이션, 영화, 음악, 역사 등에 나오는 「명언」과 그에 대한 해설을 독해문으로 구성하였습니다. 「명언」에는 선인들의 인생관이나 철학ㆍ사상이 응축되어 있어, 읽는 사람에게 감동과 공감을 주며 사고하게 하는 요소를 포함하고 있습니다. 또한 「명언」은 그 시대의 사회ㆍ문화 배경이 잘 나타나 있으므로, 명언을 통해서 타인의 인생과 그들의 문화를 접할 수 있고, 그것과 비교해 자신의 문화를 돌아보고 재인식하는 활동을 가능하게 합니다. 중ㆍ고급의 자칫 어려워 보이는 긴 독해문을 일본어 학습이라는 관점만이 아니라, 즐거운 독서의 기분으로 재미와 감동을 느끼면서 독해 능력까지 향상시킬 수 있도록 엮었습니다.

2. 목적 의식을 부여하고, 또한 자신의 경험과 생각에 비추어 가며 독해 활동을 하기 위해, 「ウォームアップ」「読む前に」「タスク」와 같은 항목을 설정했습니다. 이러한 활동을 반복함으로써, 앞으로의 독해활동에 있어서도 학습자 자신이 주체적으로 목적을 갖고 독해를 할 수 있으며, 일상의 독해에 있어서도 이러한 사고능력이 가능하게 됩니다.

3. 여러 장르의 명언으로 다양한 직업과 세대의 일본인이 해설문을 집필하여 학습자에게 다양한 문장을 제공하고 있습니다. 책이나 신문, 잡지 등에서 발췌 모집한 글이 아니라, 「명언」에 공감한 일본인이 집필한 순수한 창작물이라는 점에서 읽는 이로 하여금 공감을 느끼게 하며 독해를 즐길 수 있게 합니다.

4. 「語彙・表現ボックス」「語彙・表現を深める」「重要文法」등의 항목을 통해 일본어능력시험 1・2급에 해당하는 어휘와 문법 학습에도 힘을 기울였습니다.

이상의 구성과 특징을 가진 이 교재는 학습자의 독해활동 및 교실활동을 지원할 것으로 기대됩니다. 또한, 학습자 여러분이 이 교재를 통해서 일본의 멋진 명언을 만나고 일본사정에 대해서 깊이 이해하며 일본어능력을 향상시켜 나가길 진심으로 바랍니다.

끝으로, 이 책의 제작에는 많은 분들의 도움이 있었습니다. 이 자리를 빌어 마음 가득한 감사를 드리고 싶습니다. 그리고, 책의 편집과 출판에 노고를 아끼지 않은 출판사 다락원과 일본어 출판부 김은경 과장님께도 깊은 감사를 드립니다.

著者一同

1. 이 교재는 중급에서 상급레벨로 스텝 업을 하려는 학습자의 독해력 양성을 위해 제작된 교재입니다.

2. 이 교재는 명언을 해설한 800~1200자의 본문을 중심으로 구성되어 있으며, 「비판적으로 읽는 능력」을 기를 수 있도록 편찬하였습니다.

3. 이 교재는 전체 18과로 문학, 스포츠, 영화, 음악, 역사, 만화 · 애니메이션, 경영자, 학자 등의 장르로 구성되어 있습니다.

4. 전체 과는 비슷한 난이도로 편찬되어 1과부터 순서대로 학습해도 좋으며, 상황에 따라 필요한 과를 선택해서 학습해도 무방합니다.

5. 이 교재는 교실에서의 독해 수업을 위해 제작한 교재이면서, 독학용으로도 사용 가능하도록 편찬하였습니다.

각 과의 구성은 다음과 같습니다.

❶ タイトル

과의 테마로, 본문에 쓰여 있는 내용을 가장 짧은 말로 제시하고 있습니다.

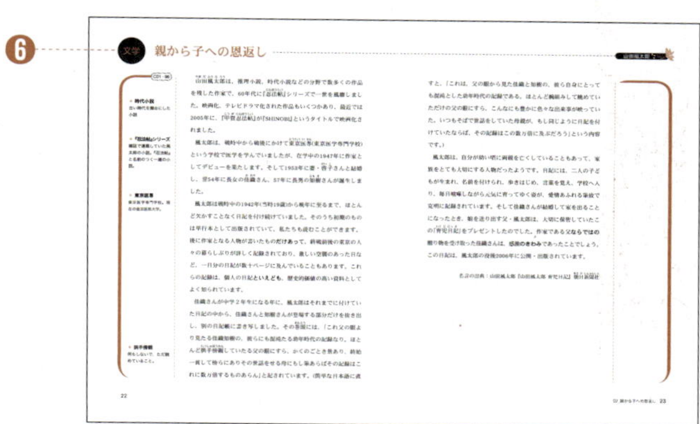

② 名言

일본 유명인들의 명언입니다. 음독하며 음미해 봅시다.

③ 名言の簡単な説明

명언의 의미를 간단한 일본어로 설명하여 이해를 도왔습니다. 명언 해석시 참고합시다.

④ ウォームアップ

앞으로 읽을 본문과 관련된 화제를 제시하고 있습니다. 자신이 가지고 있는 지식을 활성화시켜 독해 준비를 합시다.

⑤ 読む前に

어떤 점에 주목하여 본문을 읽어야 하는지 제시되어 있습니다. 질문에 주의를 기울이며 본문을 읽어 갑시다.

⑥ 本文

명언의 의미, 시대 배경, 명언을 남긴 인물의 삶과 가치관 등이 쓰여 있는 문장입니다.

명언의 표면적인 의미뿐만이 아니라, 그 배경까지 포함해서 깊이 이해해 봅시다.

일본어 능력시험 1급 출제기준 이외의 단어에는 후리가나를 달아 놓았으며, 전문적이고 특수한 의미를 가진 단어에는 본문 옆에 주를 달았습니다. 이해하는데 참고하세요.

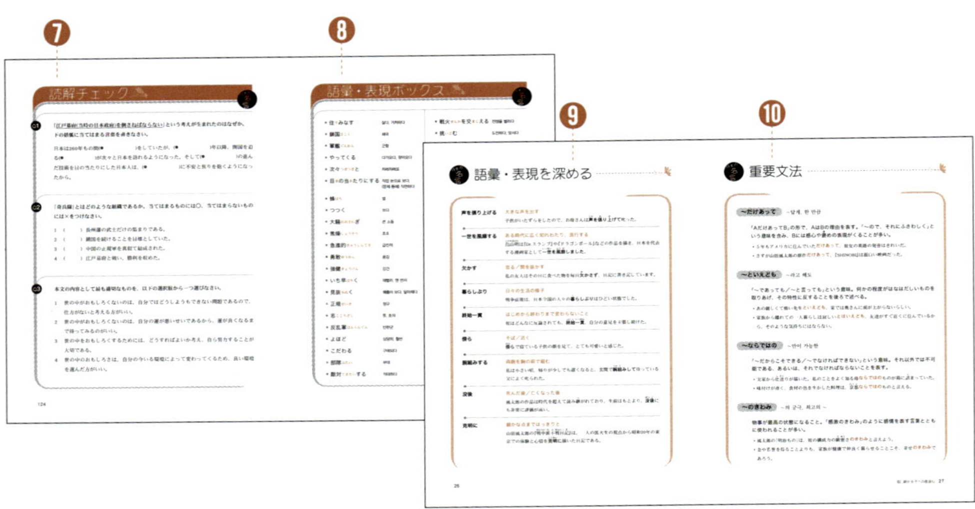

❼ 読解チェック

본문의 내용을 묻는 선택식 · 기술식의 문제가 제시되어 있습니다.
본문을 어느 정도 이해했는지 확인해 봅시다.

❽ 語彙・表現ボックス

본문에 사용된 일본어능력시험 1급 상당의 어구와 한국어 의미가 제시되어 있습니다.
모르는 어구의 의미를 확인합시다.

❾ 語彙・表現を深める

본문에 사용된 어휘 · 표현 중에서 일본어능력시험 1급에 해당하는 중요 어구가
일일사전(日日辞典) 형식으로 실려 있습니다.
의미와 예문을 확인하여 정확하게 익힙시다.

❿ 重要文法

본문에 나오는 문법 항목 중에서, 일본어능력시험 1, 2급에 해당하는 중요문법을 각 과마다 4개씩 실었습니다.
설명과 예문을 통해서 정확하게 이해합시다.

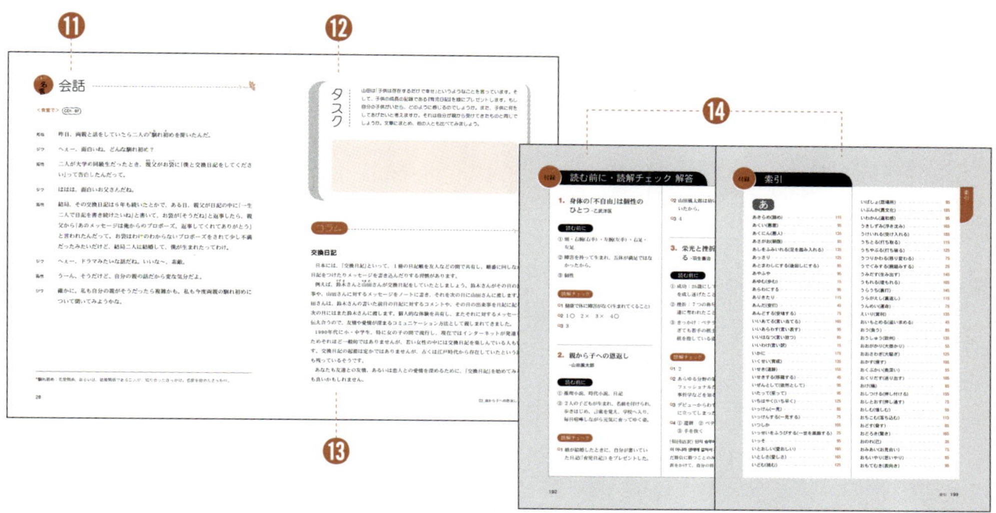

⑪ 会話

명언이 실제 회화에서 어떻게 사용되며, 어떠한 화제로서 제시되는지에 대해 구체적으로 표현되어 있습니다. 상대와 역할을 나누어 실제로 연기해 보면서 명언을 좀 더 친밀하게 느껴 봅시다.

⑫ タスク

명언과 본문의 내용으로부터 발전된 과제를 제시하여, 그것에 대해 생각한 것을 다른 사람에게 전하는 활동을 합니다. 각 과에서 학습한 내용을 자신의 경험과 관련지어 생각함으로서 사고력과 어학능력을 향상시킵시다.

⑬ コラム

명언과 본문에 관련된 일본 사정이 소개되어 있습니다. 어학학습과는 다른 각도에서 일본문화를 접해보고, 관심을 넓혀 봅시다.

⑭ 付録

'읽기 전에' 답과 독해체크 정답, 단어색인을 실었습니다.

CD의 구성

명언과 본문, 회화 내용이 생생한 네이티브 음성으로 담겨 있습니다.

CD1 : 1~9과 _ 명언과 본문, 회화
CD2 : 10~18과 _ 명언과 본문, 회화

목차

ウォームアップ

あなたは子供の頃、コンプレックスを抱いていたことは
ありますか。理由を含めて当時のコンプレックスを話
し、他の人の目にはどのように映ったのかを聞いてみま
しょう。その後、自分がコンプレックスだと思っていた
ことは、本当にそうであるか、もう一度考え直してみまし
ょう。

読む前に

① 「五体」とは具体的に何ですか。５つ挙げましょう。

② どうして『五体不満足』というタイトルになったのでしょ
　うか。

③ 乙武の言葉から、「障害」の本質は何であるといえます
　か。

身体の「不自由」は個性のひとつ

障害は不便です。だけど、不幸ではありません。

乙武洋匡（1976〜）

ジャーナリストを経て、教師。障害者としての生活体験を綴った『五体不満足』の作者。

01

身体の「不自由」は個性のひとつ

　新しい生命の誕生を迎える時、人々が願うのは、何よりも「健康で体に障害がなく生まれてくること」ではないでしょうか。そのことを日本語の表現では「五体満足に生まれる」といいます。「五体」とは頭・両手・両足を指しますが要するに全身のことで、それらが、「満足」、つまり何の問題もなく健康であるという意味です。

　1976年4月6日、東京の乙武家に、先天性四肢切断（生まれつき両腕両足がない）という重い障害を持った赤ちゃんが生まれました。そういう赤ちゃんを授かったら、両親は「なんてかわいそうな子なんだろう」と驚き悲しむのが普通です。しかし、彼の母親は違っていました。「なんてかわいい」と思ったそうです。

　障害を苦と思わない明るい家庭に育った彼は、サッカーから水泳にいたるまで何にでも挑戦する元気な男の子に育ちました。彼は、障害児のための学校には通わず、通常の義務教育を終えて大学にまで進学し、卒業しました。その後、自分自身の生活や体験を綴った『五体不満足』という本を執筆しました。障害を持って生まれたので、五体が満足ではなく「不満足」という意味です。その本は、大きな反響と人々の共感をよび、大ベストセラーとなりました。

　その本の中で彼は、ヘレン・ケラーの言葉を借りて、「障害は不便です。だけど、不幸ではありません」と語っています。視力の弱い人がメガネをかけているのと同じことで、身体に障害をもっているというのは、不便だが決して不幸なことではありません。五体満足な人々は、障害は不幸なもの、障害者は不幸な人々であると決め付けていますが、彼の言葉によって、障害の本質とは「不幸」なのではなく、その人に与えられた「個性」の一つなのだと認識させられました。障害を理由に何かに挑戦するのをためらったり、諦めたり、

あるいは失敗の原因を障害に求めたりすることこそが不幸なので
す。

　彼は障害を苦にすることなくテレビの報道番組のサブキャスター
となり、ジャーナリストの経験を経て、現在は小学校教諭として勤
務しています。その間に恋をし、結婚し、2008年1月には第一子も
誕生しています。

　何か大きな失敗をしたとき、あるいは挑戦がうまくいかなかった
とき、他の人と比べて自分がつまらない人間に思えたときに勇気を
与えてくれる言葉に出会ったことはありますか。彼の言葉は、人生
に言い訳をしないで、まっすぐに歩んでいく勇気を私たちに与えて
くれます。

名言の出典：乙武洋匡『五体不満足』講談社

読解チェック

Q1 「五体満足に生まれる」とは、どのように生まれてくることを言うか。10字で抜き出して答えなさい。

（　　　　　　　　　　　　　　　　　　　　　　　　　　　　）生まれてくること。

Q2 乙武の少年時代について、本文の内容と当てはまるものには〇、当てはまらないものには×をつけなさい。

1　（　　　　）スポーツにも積極的に挑戦した。
2　（　　　　）何かができないことを障害のせいにすることが多かった。
3　（　　　　）大学に進学することはあきらめた。
4　（　　　　）障害のない子供と同じ教育を受けた。

Q3 障害について、乙武の考えとして不適当なものを一つ選びなさい。

1　障害は、その人の個性の一つである。
2　障害があることで、不便に思うこともある。
3　障害を、あきらめや失敗の原因にしてもよい。
4　障害があっても、色々なことに挑戦できる。

- 個性こせい　　　개성
- 授さずかる　　　내려주시다
- 苦く　　　근심, 걱정
- 挑戦ちょうせんする　　　도전하다
- 通常つうじょう　　　통상, 보통
- 体験たいけん　　　체험
- 綴つづる　　　쓰다, 글로 엮어 짓다
- 反響はんきょう　　　반향
- 共感きょうかん　　　공감
- 視力しりょく　　　시력

- 決め付けるきめつける　　　단정하다
- 本質ほんしつ　　　본질
- 認識にんしきする　　　인식하다
- 苦くにする　　　근심하다, 괴로워하다
- 報道ほうどう　　　보도
- 経へる　　　경과하다, 지나다
- 教諭きょうゆ　　　교사
- 勤務きんむする　　　근무하다
- 言い訳いいわけ　　　변명, 해명
- 歩あゆむ　　　걷다

語彙・表現を深める 

授かる — 誰かから何かを与えてもらうこと
春に生まれたその子は、「さくら」という名を**授**かった。

綴る — 言葉を連ね、文章などをつくること
祖父の日記には取りとめもないことや大切な思い出が**綴**られていた。

決め付ける — 一方的に、こうであると断定する
万引き犯と**決め付け**られ、不愉快な思いをした。

認識する — 物事を見分け、正しく判断すること
銀行のATMに、顔を**認識する**監視カメラが設置された。

苦 — ひどく気にして、苦しみ悩むこと
借金を**苦**に、彼は自殺を試みようとした。

教諭 — 学校や幼稚園の先生
私の目標は幼稚園**教諭**の資格を取ることです。

言い訳 — 自分の発言や行動を正当化するために、事情の説明や弁解をすること、また、その言葉
彼の話は**言い訳**がましくて聞いていられなかった。

歩む — (歩いて)すすむ
自分が信じた道を**歩**んでいれば、いつかは目標を達成することができる。

～から…にいたるまで　　～부터 …에 이르기까지

ある事柄の両端の事例を示し、その範囲のもの全て、という意味を表す。時間的な範囲を示す場合、「～から」が省略されることもある。

- 薬品の開発から不動産業にいたるまで、彼の会社は様々な事業を手がけている。
- 今日(こんにち)にいたるまで、『五体不満足』は多くの人に勇気と感動を与えてきました。

～によって　　～에 따라서, ～에 의해

原因・理由を表す。多くの場合「で」に置き換えることができるが、「～によって」のほうが原因・理由の意味が明確に示される。

- 地球温暖化によって、北極の氷は年々減少している。
- 毎日会社まで歩くことによって、運動不足を解消(かいしょう)しています。

～こそ　　～야말로

「他ではなく、これ」というように、ある事柄を強調する時に使う。

- 今年の夏こそ海外旅行へ行きたい。
- オリンピックでメダルを取ることこそが、私の夢なのです。

～ことなく　　～하지 않고, ～하는 일 없이

「それをしないで」という状況や手段を表す。書き言葉として使われることが多い。

- 彼は、高校を卒業することなく単身でアメリカへ渡り、プロゴルファーの道を目指した。
- 私の父は、土日も休むことなく、家族のために働いてくれている。

<図書館にて>　CD1・04

ヨンハ	あ、彩。何の本を読んでるの？

彩　　『五体不満足』だよ。生まれつき両腕と両足がないという障害を持った乙武さんの本。

ヨンハ　乙武さんって……あぁ。テレビで見たことがあるなぁ。明るくて優秀で、キャスターをしたり、本を書いたり、先生をしたり、何でも出来るすごい人だよね。どんなことが書いてあるの？

彩　　一番印象が強かったのは、「障害は不便です。だけど、不幸ではありません」という言葉かな。私、今までは障害がある人と自分達とは違う人間で、そういう人たちは不幸なんじゃないかって思っている部分があって。

ヨンハ　彼らに対する見方が変わったっていうことだね。僕も読んでみたいな。読み終わったら貸してもらってもいいかな。

彩　　うん、もちろん。ヨンハの感想も聞かせてね。

タスク

五体満足であっても、怪我をして身体の一部がいつも通り使えなくなる可能性もあります。そのような時、何に困るでしょうか。また、そのような人を手助けする場合、何か出来ることはあるでしょうか。
以下の状況に自分が陥った場合と、友人がそうなった場合を想定（そうてい）し、困難なこと・してあげられることを考えましょう。また、他の人の意見も聞き、捉（とら）え方を深めましょう。

① 腕を骨折し、手から肩までギブスをしている。

② 松葉杖（まつばづえ）をつかないと歩けない怪我をした。

③ 両脚をリハビリ中で、車椅子が無いと移動できない。

ウォームアップ

名言を読んでみましょう。この言葉は、山田風太郎が娘
にプレゼントした『育児日記』に書かれたものです。
あなたにとって親からもらったプレゼントや言葉の中で
一番の思い出のものは何ですか。その理由は何でしょう。
隣の人と話し合いましょう。

読む前に

① 山田風太郎は、どのようなジャンルの作品を残した作
　　家ですか。

② 娘にプレゼントした『育児日記』には何が詳しく記録さ
　　れていますか。

山田風太郎（やまだふうたろう）（1922〜2001）
小説家。『忍法帖』シリーズなどの小説や本人の日記が有名。また、風太郎の作品は映画や漫画になっている。

親から子への恩返し

子供というものは、存在するだけで親はその報酬を受けている。テーブルの向こうに小さな赤い顔をならべて飯を食っている風景、午後になると佳織（かおり）は学校から、夕方になると知樹（ともき）は外から「タダイマー」と声はりあげて帰って来る声、それで充分である。

説明

親は自分の子供がそこにいるというだけで幸せになるものだ。健康で、生き生きと成長してゆく子供。子供たちがご飯を食べている姿を見、学校や遊びから帰ってくる声を聞くだけで、親にとっては十分なのである。その日常的な子供の姿の全てが、親に十分な恩恵をもたらしている。

02

親から子への恩返し

CD1・06

● **時代小説**
古い時代を舞台にした小説

● **『忍法帖』シリーズ**
雑誌で連載していた風太郎の小説。『忍法帖』と名前のつく一連の小説。

● **東京医専**
東京医学専門学校。現在の東京医科大学。

● **拱手傍観**
何もしないで、ただ眺めていること。

山田風太郎は、推理小説、時代小説などの分野で数多くの作品を残した作家で、60年代に『忍法帖』シリーズで一世を風靡しました。映画化、テレビドラマ化された作品もいくつかあり、最近では2005年に、『甲賀忍法帖』が『SHINOBI』というタイトルで映画化されました。

風太郎は、戦時中から戦後にかけて東京医専(東京医学専門学校)という学校で医学を学んでいましたが、在学中の1947年に作家としてデビューを果たします。そして1953年に妻・啓子さんと結婚し、翌54年に長女の佳織さん、57年に長男の知樹さんが誕生しました。

風太郎は戦時中の1942年(当時19歳)から晩年に至るまで、ほとんど欠かすことなく日記を付け続けていました。そのうち初期のものは単行本として出版されていて、私たちも読むことができます。後に作家となる人物が書いたものだけあって、終戦前後の東京の人々の暮らしぶりが詳しく記録されており、激しい空襲のあった日など、一日分の日記が数十ページに及んでいることもあります。これらの記録は、個人の日記といえども、歴史的価値の高い資料としてよく知られています。

佳織さんが中学2年生になる年に、風太郎はそれまでに付けていた日記の中から、佳織さんと知樹さんが登場する部分だけを抜き出し、別の日記帳に書き写しました。その巻頭には、「これ父の眼より見たる佳織知樹の、彼らにも混沌たる幼年時代の記録なり。ほとんど拱手傍観していたる父の眼にすら、かくのごとき景あり、終始一貫して傍らにありその世話をせる母にもし筆あらばその記録はこれに数万倍するものあらん」と記されています。(簡単な日本語に直

すと、「これは、父の眼から見た佳織と知樹の、彼ら自身にとっても混沌とした幼年時代の記録である。ほとんど腕組みして眺めていただけの父の眼にすら、こんなにも豊かに色々な出来事が映っていた。いつもそばで世話をしていた母親が、もし同じように日記を付けていたならば、その記録はこの数万倍に及ぶだろう」という内容です。)

　風太郎は、自分が幼い頃に両親を亡くしていることもあって、家族をとても大切にする人物だったようです。日記には、二人の子どもが生まれ、名前を付けられ、歩きはじめ、言葉を覚え、学校へ入り、毎日喧嘩しながら元気に育ってゆく姿が、愛情あふれる筆致で克明に記録されています。そして佳織さんが結婚して家を出ることになったとき、娘を送り出す父・風太郎は、大切に保管していたこの「育児日記」をプレゼントしたのでした。作家である父ならではの贈り物を受け取った佳織さんは、感激のきわみであったことでしょう。この日記は、風太郎の没後2006年に公開・出版されています。

名言の出典：山田風太郎『山田風太郎 育児日記』朝日新聞社

Q1 山田風太郎は自分の娘に、いつ、何をプレゼントしたか答えなさい。

Q2 山田風太郎が家族を大切にしたのには、どんな理由があると言われているか答えなさい。

Q3 本文の内容にふさわしいものを一つ選びなさい。

1 山田風太郎は、妻よりも一生懸命に子供たちの世話をした。

2 山田風太郎は、子供に関する日記しか書かなかった。

3 山田風太郎は、幼い頃に両親を亡くしたので、家族よりも仕事を大事にした。

4 山田風太郎は、終戦前後の東京の人々の暮らしを日記に書きとめていた。

● 報酬ほうしゅう	보수, 보답
● 声こえを張り上げるはりあげる	소리를 지르다
● 一世いっせいを風靡ふうびする	일세를 풍미하다
● 果はたす	완수하다, 달성하다
● 晩年ばんねん	만년
● 欠かかす	빠뜨리다, 빼다
● 初期しょき	초기
● 単行本たんこうぼん	단행본
● 暮くらしぶり	생활방식
● 空襲くうしゅう	공습
● 抜き出すぬきだす	빼다, 골라내다

● 巻頭かんとう	권두, 책머리
● 混沌こんとん	혼돈
● 幼年ようねん	유년
● 拱手傍観きょうしゅぼうかん	수수방관
● 終始一貫しゅうしいっかん	시종일관
● 傍かたわら	곁, 옆
● 腕組うでぐみする	팔짱을 끼다
● 筆致ひっち	필치
● 克明こくめいに	자세하게
● 保管ほかんする	보관하다
● 没後ぼつご	사망 후
● 公開こうかいする	공개하다

声を張り上げる　大きな声を出す
子供がいたずらをしたので、お母さんは**声を張り上げ**て叱った。

一世を風靡する　ある時代に広く知れわたり、流行する
鳥山明は『Dr.スランプ』や『ドラゴンボール』などの作品を描き、日本を代表する漫画家として**一世を風靡**しました。

欠かす　怠る／間を抜かす
私の友人はその日に食べた物を毎日**欠か**さず、日記に書き記しています。

暮らしぶり　日々の生活の様子
戦争直後は、日本全国の人々の**暮らしぶり**はひどい状態でした。

終始一貫　はじめから終わりまで変わらないこと
彼はどんなに反論されても、**終始一貫**、自分の意見を主張し続けた。

傍ら　そば／近く
傍らで寝ている子供の顔を見て、とても可愛いと感じた。

腕組みする　両腕を胸の前で組む
私は小さい頃、帰りが少しでも遅くなると、玄関で**腕組み**して待っている父によく叱られた。

没後　死んだ後／亡くなった後
風太郎の作品は時代を超えて読み継がれており、生前はもとより、**没後**にも非常に評価が高い。

克明に　細かな点まではっきりと
山田風太郎の『戦中派不戦日記』は、一人の医大生の視点から昭和20年の東京での体験と心情を**克明に**描いた日記である。

重要文法 

～だけあって　　～답게, 한 만큼

「AだけあってB」の形で、AはBの理由を表す。「～ので、それにふさわしく」という意味を含み、Bには感心や褒めの表現がくることが多い。

- ５年もアメリカに住んでいた**だけあって**、彼女の英語の発音はきれいだ。
- さすが山田風太郎の原作**だけあって**、『SHINOBI』は面白い映画だった。

～と(は)いえども　　～라고(는) 해도

「～であっても／～と言っても」という意味。何かの程度がはなはだしいものを取りあげ、その特性に反することを後ろで述べる。

- あの厳しくて怖い先生**といえども**、家では奥さんに頭が上がらないらしい。
- 家族から離れての一人暮らしは寂しい**とはいえども**、友達がすぐ近くに住んでいるから、そのような気持ちにはならない。

～ならではの　　～만이 가능한

「～だからこそできる／～でなければできない」という意味。それ以外では不可能である、あるいは、それでなければならないことを表す。

- 実家から仕送りが届いた。私のことをよく知る母**ならではの**ものが箱に詰まっていた。
- 味付けが薄く、食材の色を生かした料理は、京都**ならではの**ものと言える。

～のきわみ　　～의 궁극, 최고의 ～

物事が最高の状態になること。「感激のきわみ」のように感情を表す言葉とともに使われることが多い。

- 風太郎の「明治もの」は、彼の構成力の緻密さ**のきわみ**と言えよう。
- 金や名誉を得ることよりも、家族が健康で仲良く暮らせることこそ、幸せ**のきわみ**であろう。

 会話 

拓也　昨日、両親と話をしていたら二人の*馴れ初めを聞いたんだ。

ジウ　へぇー、面白いね。どんな馴れ初め？

拓也　二人が大学の同級生だったとき、親父がお袋に「僕と交換日記をしてください」って告白したんだって。

ジウ　ははは、面白いお父さんだね。

拓也　結局、その交換日記は6年も続いたとかで、ある日、親父が日記の中に「一生二人で日記を書き続けたいね」と書いて、お袋が「そうだね」と返事したら、親父から「あのメッセージは俺からのプロポーズ。返事してくれてありがとう」と言われたんだって。お袋はわけのわからないプロポーズをされて少し不満だったみたいだけど、結局二人は結婚して、僕が生まれたってわけ。

ジウ　へぇー、ドラマみたいな話だね。いいな〜、素敵。

拓也　うーん、そうだけど、自分の親の話だから変な気分だよ。

ジウ　確かに。私も自分の親がそうだったら複雑かも。私も今度両親の馴れ初めについて聞いてみようかな。

---

*馴れ初め：恋愛関係、あるいは、結婚関係である二人が、知り合ったきっかけ。恋愛を始めたきっかけ。

山田は「子供は存在するだけで幸せ」というようなことを言っています。そして、子供の成長の記録である『育児日記』を娘にプレゼントします。もし自分の子供がいたら、どのように感じるのでしょうか。また、子供に何をしてあげたいと考えますか。それは自分が親から受けてきたものと同じでしょうか。文章にまとめ、他の人とも比べてみましょう。

コラム

交換日記

　日本には、「交換日記」といって、1冊の日記帳を友人などの間で共有し、順番に回しながら日記をつけたりメッセージを書き込んだりする習慣があります。

　例えば、鈴木さんと山田さんが交換日記をしていたとしましょう。鈴木さんがその日の出来事や、山田さんに対するメッセージをノートに書き、それを次の日に山田さんに渡します。山田さんは、鈴木さんの書いた前日の日記に対するコメントや、その日の出来事を日記に記し、次の日にはまた鈴木さんに渡します。個人的な体験を共有し、またそれに対するメッセージを伝え合うので、友情や愛情が深まるコミュニケーション方法として親しまれてきました。

　1990年代に小・中学生、特に女の子の間で流行し、現在ではインターネットが発達したためそれほど一般的ではありませんが、若い女性の中には交換日記を楽しんでいる人もいます。交換日記の起源は定かではありませんが、古くは江戸時代から存在していたという記録も残っているそうです。

　あなたも友達との友情、あるいは恋人との愛情を深めるために、「交換日記」を始めてみるのも良いかもしれません。

ウォームアップ

名言を読んでみましょう。羽生は才能をどんなものだと
思っていますか。それに対してあなたはどう思いますか。
そして、人間の才能に関して知っている名言(ことば)が
あれば、発表してみましょう。

読む前に

この名言を理解するためには、羽生の棋士としての成功
と挫折、そしてあるきっかけを理解する必要があります。
それらに注目しながら読み、ポイントをまとめましょう。

① 成功：

② 挫折：

③ きっかけ：

栄光と挫折から真髄を極める

才能とは瞬間のひらめきやきらめきではなく、情熱を持って努力を続ける力のことである。

説明

才能というものは、瞬間で何かを思いつく発想力のことをいうのではなく、仕事に情熱を持ち続け、長く努力することが出来る力のことをいうのである。

羽生善治（1970〜）
日本を代表する棋士。平成最強の棋士と言われる腕の持ち主。

栄光と挫折から真髄を極める

● **NHK**
日本放送協会(Nippon Hoso Kyokai)。日本の公共放送局。

● **棋士**
将棋のプロ。

● **指し手**
将棋で駒を進める方法。

● **七冠**
日本の将棋には、「竜王」、「名人」、「王将」、「王座」、「棋聖」、「棋王」、「王位」の名のつく試合があり、勝者には称号としてその名が与えられる。7つ全ての称号を獲得することを「七冠」と呼ぶ。

　NHKが放送しているテレビ番組に、❶『プロフェッショナル 仕事の流儀』というものがあります。大工、医師、パイロット、学者、スポーツ選手、料理人、農家、経営者、教師、芸術家などあらゆる分野にわたって、第一線で活躍する「プロフェッショナル」をゲストに招き、脳科学者の茂木健一郎が対談する番組です。どんな分野であれ、一流の仕事を成し遂げている「プロフェッショナル」たちの人生経験と仕事哲学は、深い含蓄が込められていて聴き応えがあるもので、『プロフェッショナル』はたいへんな人気番組となっています。

　この番組の第20回放送のゲストが羽生善治でした。羽生は現代の日本で最も有名な棋士です。稀に見る発想力・直感力を武器に大胆な指し手で周囲をうならせる天才で、2005年に出版された『決断力』という著書は、将棋ファンに限らず幅広く読まれてベストセラーとなりました。

　羽生は15歳で棋士となり、19歳で「竜王」の称号を獲得し、25歳で史上初の七冠制覇を成し遂げました。しかし、デビューからわずか10年で棋界の頂点に立ってしまった後は、❷「この先、何をすれば良いのか」が分からなくなったそうです。不安や迷いが生じ、30歳を過ぎると自信を持っていた「ひらめき」や「記憶力」にもかげりが見え始め、持っていた７つの称号も、「王座」のほかは全てライバルたちに奪われてしまいました。

　そんなある日、見慣れているはずの光景に目が留まりました。ベテランの棋士が、還暦を過ぎてもなお若手の棋士を相手に真剣勝負で将棋を指している姿を見て、はっとしたのです。「ただ勝負に勝つこと**のみ**を考えるのではなく、生涯をかけて、自分の将棋を究めること」──❸羽生に新たな目標が生まれました。

　「情熱を持って続けていくことって、20代の頃は当たり前のこと
だと思っていたんですが、じつはこれが果てしなく難しいことなん
です。瞬間のひらめきとかきらめきっていうのも、もちろん大事な
要素ではありますが、長く走り続けられることこそが一番の才能で
す。」

　羽生は38歳となった現在も、己の将棋を究（きわ）めるべく、棋界の最前
線でライバルたちと鎬（しのぎ）を削っています。

名言の出典：NHK『プロフェッショナル 仕事の流儀』
2006年7月13日放送

Q1 本文の内容に合致するものを一つ選びなさい。

1　羽生は、七冠制覇はしたが、その後全ての称号を取られてしまった。

2　羽生は、一瞬のうちに判断することよりも、長く努力することのほうが大切だと
　　考えている。

3　羽生は、今まで常に自分に自信があり、困難に出会うことなど無かった。

4　羽生は、挫折から立ち直ったが、第一線で活躍するほどの力を取り戻していない。

Q2 ❶「『プロフェッショナル 仕事の流儀』」とは、どんな番組であるか、説明しなさい。

Q3 ❷「「この先、何をすれば良いのか」が分からなくなった」とあるが、その理由は何か。
本文中から、「〜こと」につながるようにその根拠となる部分を抜き出しなさい。

____ こと

Q4 ❸「羽生に新たな目標が生まれました」とあるが、その「きっかけとなった出来事」はど
んなものであったか、❶〜❸に適切な語句を入れなさい。また、そこから生まれた新
たな目標を韓国語に訳しなさい。

きっかけと なった出来事	（❶　　　　　　）を過ぎた（❷　　　　　　）が、若い棋士を相手に、 （❸　　　　　　）ことなく、将棋を指していたこと。
新たな目標	

語彙・表現ボックス

• ひらめき	번쩍임, 빛남
• きらめき	반짝임
• 情熱（じょうねつ）	정열
• 流儀（りゅうぎ）	양식, 방식
• 第一線（だいいっせん）	제일선
• 対談（たいだん）する	대담하다
• 成し遂げる（なしとげる）	성취하다, 완수하다
• 含蓄（がんちく）	함축
• 聴き応え（ききごたえ）	들은 보람
• 棋士（きし）	기사
• 稀（まれ）に	드물게
• 直感力（ちょっかんりょく）	직감력
• 大胆（だいたん）	대담함
• 天才（てんさい）	천재
• 決断力（けつだんりょく）	결단력
• 著書（ちょしょ）	저서
• 幅広（はばひろ）い	폭 넓다
• 称号（しょうごう）	칭호
• 獲得（かくとく）する	획득하다
• 史上初（しじょうはつ）	사상 처음
• 制覇（せいは）	제패
• 棋界（きかい）	기계, 바둑・장기의 세계
• かげり	그늘
• 目（め）が留（と）まる	눈이 머물다
• 還暦（かんれき）	환갑, 회갑
• 若手（わかて）	젊은이
• 将棋（しょうぎ）を指（さ）す	장기를 두다
• はっとする	깜짝 놀라다
• 生涯（しょうがい）	생애
• 究（きわ）める	깊이 연구하다, 끝까지 가다
• 果（は）てしない	한이 없다, 끝없다
• 己（おのれ）	자기자신
• 最前線（さいぜんせん）	최전선
• 鎬（しのぎ）を削（けず）る	격전을 벌이다, 맹렬히 싸우다

語彙・表現を深める 

流儀	ある分野についてのその人独自の考え方や振る舞いのこと 業界ごとに仕事の**流儀**は決まってくるものだ。
聴き応え	聴く価値 その情熱的な音楽は非常に**聴き応え**がある。
稀に	めったにない様子 昨晩、東京では**稀に**見る大雪が降り、交通に支障が出ました。
ひらめき	突然頭に浮かぶ、すばらしい考え／直感 彼の著書には、自身の**ひらめき**によって生まれた商品の数々が紹介されている。
かげり	おとろえ／(ある物事に見られる)暗い部分 還暦をむかえても、プロの腕には**かげり**など少しも見られなかった。
目が留まる	気になったものに視線がとまり、見る 雑誌を見ていたら、京都の紅葉の写真に**目が留**まった。
若手	ある分野や仕事における、若く経験の浅い人たち **若手**の棋士と作家がゲストとして番組に出演した。
はっとする	急に息を飲み込む／意外なことに出会って驚く 普段は見上げたりしない夜空を眺め、きらめく星の美しさに**はっと**した。
究める	ある物事について限界まで明らかにする 研究熱心な彼に**究め**られないことはないだろう。
果てしない	終わりのないこと 山の中で迷い、**果てしなく**遠く思える街を目指して歩いた。
鎬を削る	はげしく戦う 空手の試合の世界大会で、各国の選手が優勝を目指して、**鎬を削**っている。

重要文法

～にわたって　～에 걸쳐서

「ある範囲のなかの全てにおいて」という事を述べる際に用いる。

- 会社の業績が回復しないことから、全ての課にわたって人員が削減されるそうだ。
- 2008年の北京オリンピックでは、17日間にわたって熱戦が繰り広げられた。

～であれ　비록 ～일지라도

「～でも/～であっても」という意味。「AであれBであれ」と繰り返して使うこともあり、「A、B、どちらの場合でも」ということを表す。

- 誰であれ、失敗の一つや二つは犯すに決まっている。
- ご飯であれ、パンであれ、腹が満たされるなら何だって食べる。

ただ～のみ　오직 ～만(뿐)

「ひたすら～をするだけだ」という意味。

- 他人がどんなことを言おうが、私はただ自然の流れに従うのみだ。
- ランチバイキングに行ったら、誰もが満腹になるまでただ食べるのみだ。

～べく　～을 위해, 그럴 작정으로

当然しなくてはならないことを思って、「～しようと考えて」ということを表す。「～ために」に近いが、「～べく」には義務の意味合いが強い。

- 新しい車を買うべく、毎月５万円ずつ貯金している。
- 今月の売り上げ目標を達成すべく、朝から夜まで必死に働いた。

会話

<映画を見終わって……> CD1・10

| 拓哉 | 今日の映画、面白かったな。 |

拓哉　今日の映画、面白かったな。

ジウ　うん！ 最後に、思いもよらない*どんでん返しがあったのが良かったね。

拓哉　俺もいつかあんな映画、作ってみたいけどなー。あんなふうにすごい作品を作る力なんて、まだまだ……。

ジウ　なんでやる前からあきらめてるの？ やってみなきゃ、分かんないでしょ？

拓哉　ま、そうだけどさ。こう、やりたいことはパッ、パッと思い浮かぶけど、全部を考えると、上手くいかないな、って感じるんだよ。

ジウ　そっか……。でも、そうやって少しずつ考えていくといいんじゃないの？ 羽生さんが「情熱を持って努力し続ける力が才能」だって言ってたよ。

拓哉　少しずつ、着実にってことだな。頑張ってみるか！

---

*どんでん返し：ものごとが逆転すること。

失敗から学んだこと

人生において「成功」だけしかないということはなく、誰でも数多くの「失敗」や「挫折」を繰り返していることでしょう。あなたが「失敗」や「挫折」から学んだこと、また、それが自分にとってプラスになったことなどを具体的にまとめてみましょう。以下の要素を盛り込んで文章を書きましょう。

① 成功や失敗・挫折とはどういうものか。

② 自分の失敗・挫折の経験談。

③ その経験は自分にどのような影響を与えたのか。

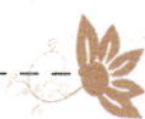

日本のテレビ局

　本文中にNHK(日本放送協会)が出てきました。これは日本の公共放送局で、テレビ放送やラジオ放送を行っています。公共放送とは、営利を目的とせず、かといって国家の統制下にあるわけでもなく、誰もが等しく必要な情報を得ることができるために行われる放送です。日本でテレビを持っている世帯はすべて、NHKに受信料を支払っています。NHKはこの受信料収入で番組を制作し、放送しているため、いわゆるテレビCMのような広告は流れません。

　これに対して、民間放送(民放)というものも存在します。全国ネットを持っている主要な民放テレビ局は、日本テレビ、TBS、フジテレビ、テレビ朝日、テレビ東京の5つです。民放は、スポンサーとなっている企業のCMによって、広告収入を得て番組を制作・放送しており、視聴者は視聴料を支払う必要がありません。こうした放送は従来「地上波放送」と呼ばれ、日本のテレビの主流でした。しかし近年では、有料で視聴する「衛星放送」や「ケーブルテレビ」の利用者も増加しつつあります。

　さらに、地方に行けばその地方のテレビ局が存在することも多く、地元の話題やニュースを取り上げて、地域に密着した特色ある番組を放送しています。日本を訪れた際に、機会があればこうしたローカル放送に注目してみるのも面白いかも知れません。

ウォームアップ

あなたは目標を立てたとき、それを達成するために、どのように物事を進めていきますか。また、失敗してしまった場合は、どのように考え、その後どのような行動をとりますか。自分の考えをまとめてみましょう。

読む前に

① イチローはどんな人物でしょうか。分かったことを箇条書きにしてみましょう。

② イチローは日本とアメリカでそれぞれどのような記録を出しましたか。

日本　　　：

アメリカ ：

③ イチローの持っている価値観とはどのようなものですか。

最大のライバルは自分自身

続けていたものが止まるということは残念ではありますが、人に勝つためという価値観で野球をやっているわけではありません。やれることはすべてやりましたし、手を抜いたこともありません。やろうとしていた自分、準備をした自分がいたことを誇りに思っています。

イチロー（1973〜）
日本の野球選手。現在、メジャーリーグのシアトル・マリナーズに所属している。

04

最大のライバルは自分自身

CD1・12

● メジャーリーグ
(Major League Baseball)
アメリカ合衆国(29チーム)及びカナダ(1チーム)の30球団により編成されるプロ野球リーグのこと。大リーグともいう。

● パ・リーグ
(Pacific League)
日本のプロ野球リーグの2つのリーグの内の1つ。もう1つのリーグはセ・リーグ(Central League)である。

● ア・リーグ
(American League)
メジャーリーグの2つのリーグの内の1つ。もう1つのリーグはナ・リーグ(National League)である。

● シスラー
1910〜20年代のメジャーリーグ選手。

　この名言はアメリカのメジャーリーグで活躍しているイチロー(本名：鈴木一朗)が、2002年のシーズン後に首位打者のタイトルを逃したことについてインタビューされた時のコメントだ。イチローは、1994年から2000年までの7年間、連続してパ・リーグの首位打者となった。これは日本最長記録となっている。

　2001年にメジャーリーグに移籍し、年間200本安打に加えア・リーグの新人王・MVP・首位打者・盗塁王を獲得するという衝撃的なデビューを飾った。しかし翌年、❶年間200本安打は達成していたものの首位打者は逃した。周囲からは、首位打者になれなかったことを残念がる声も挙がったが、それだけ彼に対する期待が大きかったということだろう。しかし、イチローにとっての目標は、「首位打者」ではなく「年間200本安打」にあったようだ。それは、「やれることはすべてやりましたし、手を抜いたこともありません」という彼の発言やその後の彼の成績を見ても明らかである。メジャーリーグでも、2001年から7年連続で200本安打を達成し、2004年には84年ぶりにシスラーの記録を破ってメジャー最多安打記録を更新した。

　イチローは、「比較するのは、あくまで自分です。もちろん他人の記録も尊いと思いますけど、まずは自分の能力を競わないと……」と言う。彼にとって最終的な評価の物差しは、自分の外のどこかにではなく自分自身の内にあるのだ。それは、自らの「美学」を徹底的に追求する、職人や芸術家に似た資質といってもいい。そうした美学をはっきりと言葉にして語っているイチローは、本気で何かを追い求めるとはどういうことなのかを、我々に教えてくれるのである。

❷「人に勝つためという価値観」ではない生き方の方が、外に価値基準を置くことより難しいことなのかも知れない。なぜなら、痛切な孤独感を覚悟しなければならないし、他人との比較でトップに立ったとしても、自分自身への挑戦に終わりが来ることはないからだ。だからこそイチローは、あきれる**ほど**たくさんの記録を樹立してきたのだろう。そして、今後もさらに新たな記録を生み出してゆくだろう。

名言の出典：児玉光雄『イチロー選手の「夢」をつかむ言葉』
日刊スポーツ出版社

Q1 イチローについて、本文の内容に当てはまるものには○、当てはまらないものには×をつけなさい。

1 （　　　　）2002年は、メジャーリーグの首位打者となったが、年間200本安打は達成できなかった。

2 （　　　　）メジャーリーグに移籍して始めの年に、年間200本安打を達成した。

3 （　　　　）2002年の目標は、首位打者となることであった。

4 （　　　　）日本では、7年の間、首位打者の地位にあり続けた。

Q2 ❶「年間200本安打は達成していたが首位打者は逃した」時のイチローの心情について、不適当だと思われるものを一つ選びなさい。

1 自分ではやれることはすべてやったので、後悔はない。

2 首位打者は最も重視する目標ではないため、それほど気にしていない。

3 努力を重ねてきた自分を、とても誇りに思っている。

4 もう少し改善すべき点があったと反省している。

Q3 ❷「「人に勝つためという価値観」ではない生き方」について、以下の空欄に語句を入れ、文を完成させなさい。

最終的な（❶　　　　　　　）の基準は自分の（❷　　　　　　　）ではなく（❸　　　　　　　）にあり、それは大きな（❹　　　　　　　）を覚悟しなければならないため、自分の外に（❺　　　　　　　）を置くより（❻　　　　　　　）ことであるかもしれない。

● 手てを抜ぬく	대충하다		● 更新こうしんする	갱신하다
● 本名ほんみょう	본명		● 尊とうとい	존귀하다, 귀중하다
● 逃のがす	놓치다, 놓아주다		● 競きそう	겨루다, 경쟁하다
● 首位しゅい	수위, 수석		● 美学びがく	미학
● 移籍いせきする	이적하다		● 追求ついきゅうする	추구하다
● 安打あんだ	안타		● 資質ししつ	자질
● 盗塁とうるい	(야구) 도루		● 追い求めるおいもとめる	추구하다
● 衝撃的しょうげきてき	충격적		● 基準きじゅん	기준
● 翌年よくねん	다음 해		● 痛切つうせつ	통절함, 절실함
● 達成たっせいする	달성하다		● 孤独感こどくかん	고독감
● 発言はつげん	발언			

語彙・表現を深める

手を抜く　本気で取り組まず、いい加減にすます／不真面目に行う
弱い相手と思い込んで、**手を抜いて**ボールを投げたら、ホームランを打たれてしまった。

逃す　とらえそこなう／つかまえるのを失敗する
夢をかなえる絶好のチャンスを**逃して**しまった。

移籍する　所属している団体やチームから、他の団体やチームへ移る
そのサッカー選手は、海外に**移籍して**からケガをし、活躍の場がめっきり減ってしまった。

競う　競争する
クロスカントリースキーとは、専用のスキー板とストックを使って滑走し、タイムを**競う**ものです。

追求する　あるものを得ようとして、どこまでも追いかける
幸福を**追求する**という気持ちは、誰もが持っているでしょう。

追い求める　求め続ける
夢ばかり**追い求めて**いたら、気づくとこんな歳になっていた。

痛切に　ある思いや感情を痛いほど身にしみて感じる様子
世間の冷たい目を、彼は**痛切に**感じた。

尊い　たいへん価値がある
その飛行機事故によって200人もの**尊い**命が犠牲となった。

～わけだ／～わけではない　　～할 만도 하다/～한 것은 아니다

事実や状況をもとに考えた結論を述べるときに使う。「～わけではない」は、「～わけだ」の否定の用法だけでなく、「全てが(必ず)～とは言えない」という部分否定の用法もある。

- 彼は全く泳げないらしい。それで海に行きたがらない**わけだ**。
- まだ子供だからといって万引きが許される**わけではない**。
- 日本の有名な食べ物は寿司だが、日本人みんなが寿司を好きな**わけではない**。

～について／～につき　　～에 대해서/～로 인한

「～に関して」という意味。「～につき」は理由や原因を述べる表現で、掲示や通知文などの書き言葉で使用される。

- 世界で起こっている環境問題**について**来週までに各自調べてきてください。
- 工事中**につき**片側通行にご協力お願いいたします。

～ものの　　～하기는 하였으나, ～라고는 하지만

「～けれど」という意味で、逆接を表すもの。書き言葉で使われることが多い。

- タバコは体に悪いと分かっている**ものの**、やめることができない。
- 彼女と遊園地に行った**ものの**、とても混んでいてほとんどアトラクションに乗れなかった。

～ほど　　～할 만큼

程度を表すときに使う。「～くらい」と同じ意味。

- 本場のインドカレーは口から火が出る**ほど**辛かった。
- 全国大会で優勝したときは涙が出る**ほど**うれしかった。

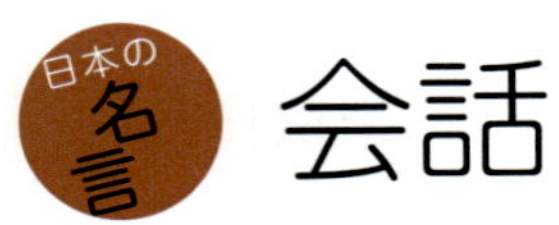 

会話

<拓哉が韓国に留学して、1年たった頃>　CD1・13

＊光一　どうした？ 最近何か悩みでもあるみたいな感じだけど。

拓哉　はい。韓国に来てもう1年になるんですが、韓国語があまり上達してないな、と……。

光一　俺は韓国に来て2年過ぎたけど、まだまだだよ。

拓哉　僕から見ればかなり上手いですよ。僕は発音も悪いし、後から来た留学生より韓国語が下手だし、情けないです。

光一　誰だってそう思ってるさ。それでも、あきらめずに自分なりの勉強法を見つけて日々頑張る、そういう人が上達するんじゃないかな。

拓哉　自分なりの勉強法って、例えばどんなのですか。

光一　俺の場合は、毎日10分放送されるニュースを録音して、シャドーイングしてるんだ。短い時間だけど、徐々に力になってるように思う。

拓哉　すげ〜、そうですね。まず、自分の中で納得できるように頑張ってみることが大事ですね。

光一　他の人と比較する必要はない。昨日より成長した今日の自分がいればいい。他の人より上手いというより、日々頑張っている自分に誇りを持てる人になりたい。そんなふうに俺は思うんだ。

拓哉　他人と比較して落ちこんでいる場合ではないですね！

＊光一（こういち）：拓哉が所属するサークルの先輩

何かをした時、その結果には関係なく、その過程で最善を尽くした自分自身に誇りを感じたことがありますか。その経験を600字以内にまとめましょう。

高校野球　–甲子園での全国大会–

　高校の部活動の中で、どこの高校にもほぼ必ずあるのは「野球部」です。高校の野球部と言えば、誰もが「甲子園」のことを思い浮かべます。甲子園というのは、高校野球の全国大会が行われる「甲子園球場」のことで、高校野球の代名詞とも言えます。

　高校野球の全国大会は春と夏に行われます。日本には野球部が全国で約4,000あると言われています。これだけたくさんのチームが、各都道府県での厳しい予選大会を勝ち抜き、ようやく甲子園の舞台に立てるわけですから、「甲子園の土を踏む」だけでもたいへん名誉なことなのです。

　甲子園ではトーナメント戦によって、日本一の野球部を決定します。甲子園での活躍は、多くの国民に注目されるのはもちろん、大学野球やプロ野球の関係者も目を付けているため、日本の有名な野球選手の多くが、甲子園で活躍した経験を持っています。

ウォームアップ

明るく住みよい社会を築くために、あなたは自分の能力
や技術、行動力を活かして、何ができると思いますか。
また、それはどんな力や技術ですか。ボランティア活動
や様々な人との交流、仕事や学問などいろいろなものを
もとにして、考えてみましょう。

読む前に

① 松下はどのような人物でしょうか。彼の生いたちをま
　　とめましょう。

② 松下の経営哲学を表す文をいくつか挙げてみましょう。

天分をもってサービスにつくせ

——神様の経営哲学

どんな人にでも、探し出してくれば、その人だけに与えられている尊い天分というものがある。その天分で、世の中にサービスをすればよいのである。

松下幸之助（1894〜1989）
実業家。松下電器産業の創業者。政治家の育成なども行っていた。

05

天分をもってサービスにつくせ
——神様の経営哲学

CD1・15

松下電器産業の創業者である松下幸之助は「経営の神様」と呼ばれる。彼の奥深い経営哲学は、一企業の売上や利潤を最大化するという小さな目的の中にとどまるものではなく、社会全体の繁栄や幸福をもたらそうとするものだ。だからこそ、産業界に限らず多くの人が松下のことを「神様」と呼んで尊敬するのだろう。

松下は1894年に和歌山県和佐村に生まれた。9歳の時に火鉢店で奉公を始め、その後自転車店でも小僧として商売の実務経験を積んだ。1918年には松下電器製作所(現在の松下電器産業)を創立し、アタッチメントプラグや自転車用の電池ランプの開発と販売に成功して、確固たる事業基盤を確立した。事業が拡大すると、大掛かりな組織改革や週5日制の導入などを、働き詰めの多くの日本企業をよそに実施した。また、1946年にはPHP研究所を創設し、人々の平和と繁栄・幸福に関する諸問題を研究するなど、94歳で逝去するまで、明るく住みよい社会を築くための継続的な努力を惜しまなかった。

松下は、すべての人間には使命があり、各人が天から与えられた才能を最大限に発揮して働けば、より良い社会が実現すると信じていた。頭の良い人は頭脳で、力のある人は大きな力で、優しい人はその心をもって精一杯のサービスをする。そうすれば社会全体の繁栄が自然と導かれることになると考えた。こうした松下の哲学は、ひとり経営者の力に頼るだけでなく、衆知を集めた全員参加型の企業経営を重要視する姿勢にも明確に表現されている。

人間は、自分がいかに恵まれた存在であるかを忘れ、周囲や社会に対してあまりにも多くのことを要求しがちである。ここに人間の最大の弱さがあるといってよい。行き過ぎた要求は利己主義の表れ

であり、そのような人ばかりの世の中が平和と幸福に満たされることはない。そこで私たちはまず各々の持っている力で、世間に対して最大限のサービスを提供する必要がある。

　自らの力を過大視したり卑下したりせずに、自分にしかできないことを粘り強く探し出し、自信を持って謙虚な心で懸命に働こう。不平不満で心を暗くする前に、自らの力で少しでも世の中を明るくするよう努力してゆこう。松下の言葉は極めてシンプルであるが、そこには、「人間はいかに生きるべきか」を問い続けた松下の深遠な哲学が含まれているのである。

名言の出典：松下幸之助『道をひらく』PHP研究所

Q1 松下が「経営の神様」とまであがめられ、尊敬される最も適当な理由を選びなさい。

1　アタッチメントプラグや自転車用のランプの開発と販売に成功し、大儲けしたから。

2　奉公や小僧という身から、企業の社長になるという大出世を成し遂げたから。

3　一企業の利潤の追求だけでなく、明るい社会を目指した企業経営を試みたから。

4　大掛かりな組織改革や週5日制の導入など、他の企業に先駆けて、新しい試みを行ったから。

Q2 下線部の具体例を二つ、それぞれ35字以内で書きなさい。

1（　　　　　　　　　　　　　　　　　　　　　　　　　　　　）した。

2（　　　　　　　　　　　　　　　　　　　　　　　　　　　　）した。

Q3 松下の経営の哲学の内容として最も適当なものを以下の選択肢から一つ選びなさい。

1　企業にとって、売上や利潤を追求し、経営基盤を固めることが最も重要な使命である。

2　企業は社会の全体の繁栄や幸福を追求すべきであり、各個人がその才能を最大限に生かして働くことによって、自ずとよりよい社会が導かれる。

3　企業をうまく経営するためには、他の企業に遅れをとらないように、常に新しい改革を目指すことが重要である。

4　企業を創立するときには、自分の力を過大視してしまう傾向があるので、自分の力を卑下するくらいがちょうどよい。

- 探し出す さがしだす　　찾아내다
- 天分 てんぶん　　천부, 천성
- 奥深 おくぶかい　　깊숙하다, 심오하다
- 利潤 りじゅん　　이윤
- 最大化 さいだいか する　　최대화하다
- 繁栄 はんえい　　번영
- もたらす　　초래하다, 가져오다
- 尊敬 そんけい する　　존경하다
- 火鉢 ひばち　　화로
- 奉公 ほうこう　　봉공, 남의 집에서 일함, 나라를 위해 일함
- 実務 じつむ　　실무
- 創立 そうりつ する　　창립하다
- 確固 かっこ たる　　확고하다
- 大掛 おおが かり　　대규모임
- 改革 かいかく　　개혁
- 導入 どうにゅう　　도입
- 創設 そうせつ する　　창설하다
- 逝去 せいきょ する　　서거하다, 죽다

- 築 きずく　　쌓다, 구축하다
- 惜 おしむ　　아까워하다, 꺼리다
- 使命 しめい　　사명
- 最大限 さいだいげん　　최대한
- 精一杯 せいいっぱい　　있는 힘을 다함, 힘껏
- 導 みちびく　　안내하다, 지도하다
- 衆知 しゅうち を集 あつめる　　중지를 모으다
- 重要視 じゅうようし する　　중요시하다
- 恵 めぐむ　　은혜를 베풀다
- 利己主義 りこしゅぎ　　이기주의
- 満 みたす　　채우다, 만족시키다
- 提供 ていきょう する　　제공하다
- 過大視 かだいし する　　과대시하다
- 卑下 ひげ する　　비하하다
- 粘り強い ねばりづよい　　끈기 있다
- 不平不満 ふへいふまん　　불평불만
- 深遠 しんえん　　심원함

語彙・表現を深める 

天分
生まれながらに与えられた才能
彼は何でも率先（そっせん）してやるという**天分**（てんぶん）をもっているから、仕事をどんどんやってしまう。

奉公
商人や職人の家に住みこんで、働くこと
祖父は小学生くらいの時に、傘職人のもとに**奉公**（ほうこう）に行っていたそうだ。

大掛かり
人手（ひとで）や費用が多くかかるような様子
来月に来るサーカス団は**大掛**（おおが）**かり**な装置を使うという噂を聞いた。

築く
建造物を作る／体制や財政などを作る
会社を立派に**築**（きず）**き**上（あ）げるためには、多くの時間を必要とする。

精一杯
力を最大限にふりしぼるさま
今回のプロジェクトも**精一杯**（せいいっぱい）頑張りたいと思います。

衆知を集める
多くの人の知恵を集める
衆知（しゅうち）**を集**（あつ）**めれば**、滞っていた問題も解決されやすくなるだろう。

粘り強い
途中であきらめず辛抱（しんぼう）強く続ける様子
論文を書いていると行（い）き詰（づ）まることはよくあるが、なんとか**粘**（ねば）**り強**（づよ）**く**続けていけば必ず完成にたどり着ける。

重要文法 

～として　～로서

「～の立場で」という意味を表す。「～」には、資格や役割などがくることが多い。

- 父は38年間、数学の教師**として**高校で働いていた。
- 今回の発表に関してわたし**としては**特にコメントはありません。
- 野球部の甲子園（こうしえん）出場が決まった。学校側**としても**全面的に応援していくつもりだ。

～をよそに　～을 개의치 않고, ～을 생각치 않고

「～を無視して／～を気にしないで」ということを表す。「～」をまったく見ようとしない様を示す。

- 周囲の心配**をよそに**、彼女は一人で海外を回ることにわくわくしていた。
- 話しかけようとする父親**をよそに**、娘は夕食を終えると、さっさと自分の部屋へ行ってしまった。

ひとり～だけ(のみ)　오직 ～만

「～だけである」ということを強調する表現。人間以外について言う場合にも使う。

- 子供を育てるには、**ひとり**母親**だけ**でなく、父親や周りを取り巻く人の助けが必要である。
- この業界で、**ひとり**我が社**のみ**が業績を伸ばし続けているのは、いち早く生産拠点（きょてん）を海外に移したからにほかならない。

～がちだ／～がちの　자주 ～하다, ～이 많다／자주 ～하는

「～が多い」、「よく～する」ということを表す。よくない傾向にあることを述べる場合に使うことが多い。

- 加藤（かとう）君は小学生のころから体調を崩して学校を休み**がちだった**。
- 六月に入ってから曇り**がちの**天気が続いている。

会話

<授業の前に教室で>　CD1・16 

ジウ	おはよう、拓哉。あれ？　ど、どうしたの？
拓哉	いや、ちょっとね……。実は昨日、大きな失敗をしちゃってさ。
ジウ	えー、それは災難だったね。で、何をしたの？
拓哉	若手<ruby>若手<rt>わかて</rt></ruby>*インターンのプレゼン大会があったんだけど、俺、すっごい緊張して全然だめだったんだ。上司達からは「落ち着きが無い」「わかりづらい」って、さんざんだったよ。
ジウ	ああ、拓哉らしい失敗だね。人前<ruby>人前<rt>ひとまえ</rt></ruby>で話すの苦手だもんね。
拓哉	笑い事じゃないんだよ……。俺、仕事向いてないかも。これから、社会人になる自信ないよ。*就活<ruby>就活<rt>しゅうかつ</rt></ruby>諦めようかなー。
ジウ	まあまあ、そう落ち込まないで。先週は、報告書の書き方がうまいって、誉められたんでしょ。
拓哉	ま、まあな。文書にまとめることなら誰にも負けないつもりだから。
ジウ	松下幸之助がね、「どんな人にでも、探し出してくれば、その人だけに与えられている尊い天分というものがある」って言葉を残しているんだけど、拓哉は文章が書けるならそれでいいじゃない。人前で話すことが得意な人たちは他にもいるんだから、拓哉は拓哉の良いところに自信を持って働きなよ。
拓哉	うーん、自分だけの天分か。天分と言えるかは分からないけど、今できることを一生懸命やれば道は開けるかもな。
ジウ	そうそう、諦めないでやってみなよ。

---

*インターン：実習生。
*就活：就職活動のこと。会社などに就職するために、テスト や面接を受けること。

タスク

あなたにとって、得意なこと・自信のあることとは何ですか。いくつか挙げてみましょう。それをグループ内で紹介し合い、このメンバーで何か「世の中へのサービス」ができないか、考えてみましょう。(例えば、語学が得意な人・観光地に詳しい人・運転が上手い人が集まれば、外国からの旅行者を車で案内するガイドの仕事が成立するという具合に……)

コラム

家電製品に見る消費生活　―三種の神器―

　1950年代に、白黒テレビ、電気冷蔵庫、電気洗濯機を当時の人々がこぞって買い求めました。これら3つは合わせて「三種の神器」と呼ばれ、豊かさの象徴でした。「三種の神器」とは、もともと天皇家に伝えられる宝物(「鏡・玉・剣」)のことです。

　その後、1960年代の高度経済成長期に入ると、*クーラー(Cooler)、カラーテレビ(Color television)、自動車(Car)が、「新三種の神器」とか、その頭文字をとって「3C」と呼ばれるようになりました。

　さらに、「平成の三種の神器」というのもあります。2003年ごろ、急速に普及し始めたデジタル家電製品であるデジタルカメラ、DVDレコーダー、薄型テレビがそれに当たります。

　今後、さらなる技術革新が起こることで、また新たな「三種の神器」が登場することでしょう。

---

*クーラー：エアコン(Air Conditioner)のうち、室内の気温を下げる機能のこと。冷房。

ウォームアップ

最近、本を読んでいますか。自分の読書生活について隣
の人と話してみましょう。

・今読んでいる本のタイトル、内容、作家などについて
・自分の読書生活について：好きなジャンル、好きな作
　家、一ヶ月何冊くらい読むか、どうして本を読むかな
　どについて

読む前に

岩波書店は日本で有名な出版社の一つです。以下の言葉
に注目しながら、読んでみましょう。

① 人脈を築く...誰と？

② 岩波文庫...どんなシリーズ？

③ 岩波文庫の使命と理想...どんなこと？

全ての人に知を与えるために

真理は万人によって求められることを自ら欲し、芸術は万人によって愛されることを自ら望む。

説明

真理は、一部の人だけではなく、全ての人によって求められることを自ら欲し、芸術は、一部の人だけではなく、全ての人によって愛されることを自ら望んでいるのである。

岩波茂雄（いわなみしげお）（1881～1946）
岩波書店という出版社の創業者。

06

全ての人に知を与えるために

● **夏目漱石**
作家の一人。作品は『こゝろ』、『坊ちゃん』、『吾輩は猫である』など。

　岩波茂雄は、日本で最も有名な出版社のひとつである岩波書店の創業者です。彼は長野県の農家に生まれ、学生時代を東京で過ごし、教育雑誌の編集者や教師を経験した後、1913年(32歳の時)に東京で古書店を開業しました。

　開業当初の岩波書店はとても小さな店でしたが、岩波は、"人脈"を築くこと**にかけては**一流でした。例えば、知人を通じて、当時すでに人気作家となっていた夏目漱石に店の看板への揮毫を依頼し、それがきっかけとなって、漱石が東京朝日新聞(現在の朝日新聞)に連載していた『こゝろ』を出版する権利を得ます。『こゝろ』は、今も高校の国語の教科書などに載っている漱石の代表作のひとつで、この出版が大成功した**おかげで**、その後『道草』や『明暗』といった漱石の有名な作品も岩波書店から出版されることになりました。

　また、岩波は哲学論文の出版にも力を入れており、たちまち「哲学書の岩波書店」という評判が定着しました。今でも岩波書店といえば、多くの学術書を刊行する「知的」な出版社というイメージを持つ人が多いのではないでしょうか。

　以後、岩波書店の経営は順調に拡大し、商売としては大繁盛でした。しかし岩波は、人から「金儲けが上手い」などと言われると本気で腹を立てる人物だったそうです。なぜなら、彼には金儲け以上の「理想」があったからです。

　1927年、岩波書店は「岩波文庫」を創刊しました。「岩波文庫」は、文学・哲学・科学・歴史などあらゆる分野にわたって、日本や世界の有名な著作を低廉な価格で販売するシリーズです。現在でも日本では「教養」や「知性」を象徴する文庫として親しまれており、少し大き目の書店に行けば必ず「岩波文庫」のコーナーが設けられてい

て、数百冊の古典的名著が並んでいます。

　万人が読むべき古典の指針、必読書の目録としての役割を果たすとともに、それまでは一部のエリート階級しか触れることのできなかった「教養」を庶民のものとすること —— それが「岩波文庫」の使命であり、岩波茂雄の理想でした。それ**ゆえ**、「岩波文庫」はきわめて価値の高い作品を収録し**ながらも**、現在でも1冊600円前後という安い価格で販売されています。

　「真理は万人によって求められることを自ら欲し、芸術は万人によって愛されることを自ら望む」という言葉は、「岩波文庫」の創刊宣言の冒頭の一文です。岩波文庫は現在でも、すべての作品の最後のページにこの宣言文を掲載しています。

　　　名言の出典：岩波茂雄「読書子に寄す — 岩波文庫発刊に際して—」

読解チェック

Q1 初めは小さな出版社であった岩波書店が、後に大成功を収めた理由の一つに、岩波茂雄のある能力が役に立ったのだが、それは何か。最も適切なものを以下から選びなさい。

1　知り合いを作る力

2　人を説得する力

3　文章を書く力

4　人を教育する力

Q2 「彼には金儲け以上の「理想」があった」とあるが、彼の理想だったことは何か、本文中から90字程度で抜き出しなさい。

Q3 本文の内容にふさわしいものはどれですか。

1　夏目漱石は岩波書店から『こゝろ』を出版して有名な作家になった。

2　岩波文庫は多くの学術書を刊行し、日本では教養や知性を象徴する文庫として知られている。

3　岩波茂雄は経営を順調に拡大させ、お金をたくさん儲けることを理想と思っていた。

4　岩波文庫は古典の指針となるような必読書の目録を出版し、庶民に低廉な価格で提供した。

語彙・表現ボックス

- 真理(しんり) — 진리
- 万人(ばんにん) — 만인, 모든 사람
- 欲(ほっ)する — 바라다, 원하다
- 古書(こしょ) — 고서
- 開業(かいぎょう)する — 개업하다
- 当初(とうしょ) — 당초, 최초
- 人脈(じんみゃく) — 인맥
- 揮毫(きごう) — 휘호, 붓으로 글씨나 그림을 그림
- 連載(れんさい)する — 연재하다
- 力(ちから)を入(い)れる — 힘을 쓰다
- 定着(ていちゃく)する — 정착하다
- 刊行(かんこう)する — 간행하다
- 知的(ちてき) — 지적
- 繁盛(はんじょう) — 번성
- 本気(ほんき) — 본심, 진심
- 腹(はら)を立(た)てる — 화를 내다

- 創刊(そうかん)する — 창간하다
- 著作(ちょさく) — 저작
- 低廉(ていれん) — 저렴함
- 知性(ちせい) — 지성
- 象徴(しょうちょう)する — 상징하다
- 親(した)しむ — 친하게 지내다, 가까이 하다
- 設(もう)ける — 설치하다, 준비하다
- 名著(めいちょ) — 명저
- 指針(ししん) — 지침
- 必読書(ひつどくしょ) — 필독서
- 目録(もくろく) — 목록
- 階級(かいきゅう) — 계급
- 庶民(しょみん) — 서민
- 宣言(せんげん) — 선언
- 冒頭(ぼうとう) — 서두, 첫머리
- 掲載(けいさい)する — 게재하다

欲する　欲しいと思う／必要とする／願う
真夏に外で運動すれば、身体が水分を**欲**していると感じる。

揮毫　筆で文字や絵をかくこと
先生にお願いした挨拶状への**揮毫**は、非常に見栄えのするものだった。

力を入れる　ある物事を一生懸命行う／努力する
学力調査の結果が悪かったので、政府は教育に**力を入れる**ことを発表した。

本気　真剣な気持ち
本気で経営者を目指すなら、この本は必ず読むべきだ。

腹を立てる　怒る／不愉快に感じ、怒りを覚える
国民は税金の無駄遣いをする政府に**腹を立て**ている。

設ける
①設置する
②機会をつくる／用意する
①図書館では、利用者の意見を聞くために、投書箱を**設け**た。
②懇親会の主催者は、参加者全員がスピーチできる時間を**設け**ました。

重要文法 

〜にかけては　　〜에 있어서는

ある分野に限定して、それについては特別に優れていることを表す。

- イベントの演出にかけては、彼の右に出る者はいない。
- 新商品開発の技術にかけては、我が社は他の会社よりも先をいっていると自負している。

〜おかげだ／〜おかげで　　〜덕분이다/〜덕분에

「〜の力によって／〜の助けがあって」という意味。皮肉を込めて、悪い結果を招いた原因を指す場合にも使う。

- 今の私があるのは、つらい闘病生活を一生懸命支えてくれた妻のおかげだ。
- 先生がご指導してくださったおかげで希望の大学に合格することができました。

〜ゆえ　　① 〜때문에, 〜로 인한　② 까닭, 이유

原因や理由を表す。接続詞の場合、名詞にそのまま接続することが多い。名詞としての用法もある。

- この過ちは若さゆえだろう。これからもっと精進しなさい。
- 大人には大人ゆえの悩みがある。
- ゆえあって、里帰りしなければならない。

〜ながらも　　〜면서도, 〜지만

「〜であるが、それとともに…」という意味を表す逆接の表現。
※「テレビゲームをしながら、ご飯を食べる」(並行動作)とは異なるので注意。

- 携帯電話は小さいながらも、様々な機能を持っているので便利である。
- 狭い家ながらも、楽しい家庭であるならば、十分だろう。

<本屋の前で> CD1・19

拓哉　「古代哲学概論」のレポート書いた？

彩　　うーん、一応参考図書は買ってみましたけど、まだ全然書いてません。

拓哉　何買ったの？

彩　　『ソクラテスの弁明（べんめい）』です。これをもとに、現在の大衆が引き起こす社会問題を論じようと思うんですけどね。

拓哉　へー、面白そうだね。哲学書とかって普段あまり読まないけど、実際読んでみると現代にも通じる真理が書かれてたりするからね。

彩　　そうですよね、やっぱり古典作品を読むのは重要ですよね。でも、出版社としては哲学書はあまり儲からないと思いますけど。

拓哉　確かに。そういう意味においては岩波文庫って偉いよね。儲けよりも学問の普及を追求して社会に貢献してるから。

彩　　岩波文庫の本の巻末には、創業者の岩波茂雄さんが「真理は万人によって求められることを望んでいる」って書いてるけど、今でもその意志が引き継がれているって言えますね。

読書のすゝめ

「本を読むこと」の大切さは小さい頃からもよく言われてきたことでしょう。「本を読む」ことで、新しいことを知ったり、当たり前と思っていたことへの疑問が生み出されたりします。これまでに読書を薦める言葉を言った人は多くいます。どのような人が名言にそのような気持ちを込めていたのでしょうか。読書に関する名言をいくつか調べてみましょう。

本も無料の時代に

　首都圏の地下鉄の駅やコンビニで必ず目にするラックに入った冊子。かつてはアルバイトの情報が載った求人雑誌ぐらいしかありませんでしたが、ここ数年のうちに質の高い「フリーペーパー」が急速に増えています。フリーペーパーとは、広告収入を元に制作され、無料で配布される印刷物のことです。広告が多いと思われてしまうものですが、近年発行されるものはいわゆる「雑誌」と同じくらいの情報を掲載しています。

　「R25」という、25歳以上で仕事をしている男性向けのフリーペーパーがあります。これには、政治経済や社会情勢から雑学、スポーツ、さらには最近の流行に至るまで様々な情報が載っています。読み手の求める情報が満載で人気があり、駅という、通勤や仕事で必ず訪れる場所に置いてあることから、数日のうちにラックは空になるといいます。また、女性向けの「L25」というフリーペーパーもあります。内容は美容やファッション、恋愛や仕事などとなっています。どちらもターゲットの嗜好を的確にとらえています。

　フリーペーパーには他にも、各地で発行されている地域情報誌や、「コミックガンボ」のような漫画雑誌など様々です。今後、さらに注目されるメディアに成長していくのではないでしょうか。

ウォームアップ

「諸行無常」とは、「世の中は常に変化する」という仏教の言葉です。あなたはこの言葉からどのようなことを感じますか。それぞれが感じたことを話し合ってみましょう。

読む前に

① 川原の作品はどのような作品ですか。気づいたことをメモしましょう。

② 川原の作品の主人公の特徴は何ですか。いくつか挙げてみましょう。

③『笑う大天使』の主人公・司城史緒は、どんな人生観を持っていますか。

川原泉（かわはらいずみ）（1960〜）
漫画家。代表作は、『ブレーメンⅡ』、『笑う大天使（ミカエル）』など。後者は実写映画化された。

少女たちの「常住」と「無常」

どーせこの世は諸行無常（しょぎょうむじょう）なのだ。
人は流れ
人生は流れ
万物は流転（るてん）する。
いちいち細かい事にかまってられっかよ。
—司城史緒（しじょうふみお）（『笑う大天使（ミカエル）』より）—

説明

世の中は常に変化して、少しの間もとどまらない。すべてのことが移り変わっていくというのに、小さなことを一つ一つ気にして立ち止まってはいられない。

07

少女たちの「常住」と「無常」

　川原泉は1983年にデビューした少女漫画家である。彼女の作品に登場する主人公は、その多くが片親であったり天涯孤独であったりといった、一見すると悲壮感の漂う設定が施されている。しかしその主人公たちは、のほほんとしたキャラクターと独特の作画で描かれていて、作品そのものはコメディとして成立している。また、川原は言葉をとりわけ大切にする漫画家で、日本語のリズムや語感に対しては並々ならぬこだわりを持っている。登場人物たちの、哲学的な含蓄に満ちた台詞に惹かれるファンは多く、作中の台詞を集めた書籍まで刊行されているほどである。

　『笑う大天使（ミカエル）　夢だっていいじゃない』は、彼女の代表作のひとつだ。❶時代劇が好きな秀才女子高生、司城史緒が主人公である。母子家庭に育ち、その母をも亡くしてしまった後に、実の兄が存在することを知る。唯一の家族となった兄とともに暮らし始め、史緒にとって幸福な時間がその暮らしを満たしていた。しかしやがて兄の身に"見合い話"が持ち上がってからというもの、史緒はその幸福が永遠に続くものではないことを痛感させられる。そして見合いをする兄を見て寂しさを覚えながら、「どーせこの世は諸行無常なのだ」と心の中でつぶやくのだった。

　川原作品に登場する主人公の少女たちは、恵まれない境遇に生まれ育ちながらも、いたずらに悲観することはない。作中の言葉を借りるなら、「ぼんやり」と、しかしどこか達観したように落ち着き払って人生を過ごしている。史緒は兄とともに生活することを望みながらも、そのわがままを押し通すのが難しいことは知っている。むしろ、「今」が変わらず永遠に続くことを強く望んでいるからこそ、❷無常観も人一倍強く抱いているのだろう。史緒が、「勧善懲悪で

● 諸行無常
仏教の基本的な考え方の1つ。世の中の全てのものは、常に変化したり、消えたりするのであり、永久に変わらないものではないということ。

ワンパターン」と評されがちの時代劇を好むのも、いつ見ても変わらぬパターンが繰り返されることに安心感を覚えるからではないだろうか。史緒は実生活においてこの世の「無常」を悟りつつ、時代劇の作品を貫く「常住_{じょうじゅう}」に安堵_{あんど}するのである。

　史緒の兄は見合いを繰り返したものの、なぜか、結婚相手をなかなか決めようとはしない。史緒と出会うまでの兄の生活は経済的には恵まれていたが、その家庭は寂しいものであった。自分と同じように寂しい思いに耐えてきたのであろう、しかも貧しい家庭で苦労も募ったであろう史緒のために生きることを、兄はすでに心で決めていたのである。そんな兄の思いを知った史緒が、今まで通り兄妹で暮らしてゆくこと、そして兄の老後_{ろうご}の面倒をみることまでをも想像し、「まるで❸夢みたいな話だが、それならそれでいいじゃないか」と思うところで物語は終わっている。作品のサブタイトルの「夢だっていいじゃない」に込められているのは、幸運にも不運にも振り回されることなく、ただ自らの運命を愛し続けた少女の達観_{たっかん}なのである。

　　名言の出典：川原泉『笑う大天使_{ミカエル}　夢だっていいじゃない』白泉社_{はくせんしゃ}

● **常住(⇔無常)**
変化せず、常に存在すること。

Q1 ❶「時代劇が好きな秀才女子高生、司城史緒」とあるが、彼女が時代劇を好む理由について、筆者はどう述べているか答えなさい。

Q2 史緒は、❷「無常観も人一倍強く抱いている」が、その無常観は何に対するものか。文章中から、11字で抜き出しなさい。

Q3 ❸「夢みたいな話」とあるが、具体的な内容を答えなさい。

Q4 本文の内容に合うものを、一つ選びなさい。

1　川原作品に登場するキャラクターのほとんどは、恵まれない環境下にありながらも、活動的で周囲を気にとめない女の子である。

2　史緒の兄が結婚に踏み切らないのは、結婚よりも史緒とともに暮らしていくことを決心していたからである。

3　史緒は、世の中は無常であると分かっているので、兄の見合いに対して反対する感情は全く無かった。

4　川原の作品の言葉にはそれほどの重みは無いが、その軽快さが人気となり、台詞を取り上げた本まで出版されている。

• 万物 ばんぶつ	만물	
• 流転 るてん する	유전하다, 끊임없이 변천하다	
• 移り変わる うつりかわる	변천하다	
• 気 き にする	신경 쓰다	
• 立ち止まる たちどまる	멈추어 서다	
• 片親 かたおや	편친, 한쪽 어버이	
• 天涯孤独 てんがいこどく	천애 고독	
• 一見 いっけん する	언뜻 보다	
• 悲壮感 ひそうかん	비장감	
• 漂 ただよう	떠다니다, 헤매다	
• 施 ほどこ す	베풀다, 시행하다	
• のほほんと	빈둥빈둥	
• 作画 さくが	작화, 그림을 그림	
• とりわけ	특히, 유난히	
• 語感 ごかん	어감	
• 並々 なみなみ ならぬ	보통 정도가 아닌, 이만저만이 아닌	
• 台詞 せりふ	대사, 말	
• 惹 ひく	(마음·이목을) 끌다	
• 秀才 しゅうさい	수재	

• 母子 ぼし	모자	
• (お)見合 みあ い	맞선	
• 持ち上がる もちあがる	위로 올라가다, 사건이 일어나다	
• 痛感 つうかん する	통감하다	
• つぶやく	중얼거리다, 투덜거리다	
• 境遇 きょうぐう	경우, 처지	
• 悲観 ひかん する	비관하다	
• 達観 たっかん する	달관하다	
• 押し通す おしとおす	밀고 나가다, 관철하다	
• 勧善懲悪 かんぜんちょうあく	권선징악	
• 評 ひょう する	평가하다	
• 悟 さと る	깨닫다	
• 貫 つらぬ く	관철하다	
• 安堵 あんど する	안도하다	
• 募 つの る	더해지다, 심해지다	
• 老後 ろうご	노후	
• 面倒 めんどう をみる	보살펴 주다	
• 振り回す ふりまわす	휘두르다	
• 運命 うんめい	운명	

移り変わる	時間がたつにつれて、変化していく 街の風景が20年のうちにどんどん**移り変**わっていった。
気にする	心配する／気持ちを向ける 少しの失敗をいつまでも**気**にしてなんかいられない。
天涯孤独	家族などがおらず、自分一人しかいないこと **天涯孤独**の少年が、人とのふれあいを通して心を開いていく話はとても感動的だった。
のほほんと	何もしないで、のんびりしている様子 こうも仕事が忙しいと、**のほほんと**暮らしていた学生時代が恋しい。
とりわけ	特に 話題の映画はアクションシーンがすごいというが、**とりわけ**終盤で見られるものが一番激しいらしい。
並々	普通である様子のこと（「並々ならぬ」で、普通ではない状態を表す） こんなにすばらしい長編小説を仕上げるまでには**並々**ならぬ苦労があっただろう。
面倒をみる	世話をする 犬を飼いたいと娘は言うが、ちゃんと**面倒**をみられるのかと思ってしまう。
振り回す	手に持って、回す／人をあちらこちらに動かす あの人はいつも思いつきでものを言う。それに**振り回**されるのはたまらない。

重要文法 

～に対して
～에 대해서

動作や感情が向けられる対象を表す。多くの場合「～に」に置き換えられる。

- 増税（ぞうぜい）するという政府の決断に対して、多くの人が抗議デモを起こした。
- 先生は遅刻した生徒に対して、毎回反省文を書かせている。

～とともに
～와 함께, ～와 동시에

「～と一緒に」、「～と同時に…も」ということを表す。

- 学園祭に向けて、色々な企画を計画し、他の委員とともに成功させていきたいと思っている。
- 高橋（たかはし）先生は、私たちの先生であるとともに、地域の清掃活動のリーダーでもある。

～てからというもの、…
～하고 나서부터는, …

「～してから、ずっと…」という表現。何かが起こったことによって、その後の動作につながり、継続していることを表す。

- 娘が生まれてからというもの、おじは毎晩早く帰宅するようになったそうだ。
- ダイエットを始めてからというもの、油っぽいものを全く食べなくなった。

～つつ
～하면서

「～ながら」と同様に、併行（へいこう）の意味を表すが、転じて逆接の意味でも用いられる。

- 李（イ）さんは、翻訳の仕事をしつつ、大学に通っている。
- 悪いと知りつつ、カンニングをしてしまった。
- 彼女の意見に納得しつつ、自分の意見は曲げなかった。

<本棚の整理をしている時に>　CD1・22

ヨンハ　彩、そこの青い本、こっちに入れるから取って。

彩　はいはい、これね。3冊まとめて、はい！

ヨンハ　サンキュ、って、本棚に入れていくんだから、もうちょっと順番考えて渡してくれよ。

彩　えー、そんな。いちいち細かいことにかまってられませんよーだ。

ヨンハ　まだまだ整理してかなきゃならないんだから、ちょっとは気を使ってよ。

彩　どうせまた、ひと月もすれば、同じように散らかっちゃうじゃない。「どーせこの世は諸行無常なのだ」ってね。人生も流転するし、本の順番も入れ替わり、また整理しての繰り返しでしょ？

ヨンハ　そりゃ、否定できないけどさ……。あー、なんかそうやって、かっこいいこと言って、適当にやるんだろ！　諸行無常はそんな本のことを言ってるようなものじゃないんだぞ。

彩　へー、じゃあ、説明してよ。

ヨンハ　ほら、その分厚い本。片付かないから、持ってって勉強しろ。

彩　ええー！？

タスク

世の中は絶えず変化しつづけています。時には不変であることを望みなが
らも、止まらない変化に無常感を覚え、「なるようになることだから」と史
緒のように思ったこともあるでしょう。これまでに経験した、「変わってほ
しくなかった」出来事について考えてみましょう。まず、以下の点につい
て、まとめましょう。

・「変わってほしくなかったこと」はどんなことでしたか。

・どうして「変わってほしくなかった」のですか。

・それが「変わりうる」ものだと気付いた時、どんな気持ちになりましたか。

では、それが「変わってほしくなかった」ものから「変わりうる」ものだと認められたのは、
どんなきっかけがあるからだと思いますか。事実でも推測でもいいので、色々とその理由
を考えてみましょう。

最後に、グループで意見を交換し合いましょう。

ウォームアップ

これまでに見たことのあるアニメや漫画の中には、どのような人物が登場していましたか。印象に残っているキャラクターについて、思い出してみましょう。その人物の持つ魅力、性格、際立って見える個性はありましたか。グループで紹介し合いましょう。

読む前に

ブラックジャックはどんな人物であるかに注目して読んでみましょう。

① 彼の職業は何ですか。

② 彼のやり方が残酷で非情なものに見える理由は何ですか。以下のことばに続けて書きましょう。

   ・貧乏人にも……

   ・傲慢な人間には……

非情な男の思いやり

私なら、母親の値段は百億円つけたって安いもんだがね。

ーブラックジャック（『ブラックジャック』より）ー

手塚治虫（てづかおさむ）（1928〜1989）

漫画家。アニメーター。「漫画の神様」と呼ばれ、日本のテレビアニメの先駆者とも言われる。医師の資格も持つ。

非情な男の思いやり

CD1・24

　この名言は、日本を代表する漫画家の一人である手塚治虫の作品、『ブラックジャック』の主人公、ブラックジャックが言った言葉です。第223話「もらい水」という話で、ブラックジャックは車を運転中、一人のおばあさんを助けることになります。このおばあさん、医者である息子の家にいたのですが、病院は連日大混雑で、ベッドの空きがなくなる**たびに**、病人に床を譲って出て行くこと**を余儀なくされました**。友人も泊めてはくれず、途方にくれていた**ところを**、ブラックジャックに拾われたのです。ブラックジャックはおばあさんに家に帰ることを勧めますが、おばあさんは息子に迷惑がかかると思い、何もない山小屋に泊まることにします。しかし翌日大地震が発生し、おばあさんは大怪我を負います。ブラックジャックが駆けつけ、すぐに息子の病院に連れて行くのですが、患者が医者の母親だと知らない病院側は、「患者は平等に扱わねばならない」と言って、診療を後回しにします。ところが医者は、患者が自分の母親だと分かると「すぐ手術をする」と言い放ちました。しかしブラックジャックはおばあさんを引き渡さず、「一千万円くれたら引き渡す。嫌なら俺が手術をする」と言います。医者が「脅すつもりか！」と怒ると、ブラックジャックは笑いながら「私なら、母親の値段は百億円つけたって安いもんだがね」と言ったのでした。

　ブラックジャックは、無免許ながら「天才」の名をほしいままにする名医です。しかし❶彼の診療報酬は高額で、裕福な人にはもちろん、貧乏人にも一千万円単位の報酬を要求してきます。それは単なる金銭欲からのことではなく、自分が命をかけて手術しているということを認めてもらうため、また患者の、治療にかける覚悟を測るためなのです。実際、「報酬を払う」という覚悟を確認しただけで、

実際にはお金をもらわず手術をすることもありました。一方で彼は傲慢（ごうまん）な生き方をする人間には冷たく、手術をすると見せかけて結果的に殺してしまうことさえあります。彼は一見残酷で非情（ひじょう）であるとも言えますが、それにもまして、義理や誠実さの重要性を我々に説いてくれているとも思われます。

　ちなみにこの物語のタイトル「もらい水」というのは、江戸（えど）時代の俳人、加賀千代女（かがのちよじょ）の❷「朝顔（あさがお）に　つるべ取られて　もらい水」という有名な句にちなんでいます。朝顔がつるべ（井戸から水を汲む桶）に巻きついて離れない。しかしちぎってしまうのも可哀想（かわいそう）なので、仕方なく隣の人に水をもらいに行く、という意味なのですが、作中でブラックジャックはつるべを部屋に、朝顔を患者にたとえて、おばあさんに「あんたは患者に部屋を取られて泊まり歩きだ」と言います。息子と患者に遠慮するおばあさんへの思いやりと、おばあさんを追い出した息子への皮肉が入り混じった見事な比喩（ひゆ）と言えるでしょう。

　　名言の出典：手塚治虫『ブラックジャック』第223話「もらい水」講談社（こうだんしゃ）

● **江戸時代**
日本史の時代区分の１つ（1603〜1867）。徳川家康が江戸に幕府を作り、日本を統治した時代。徳川時代。

● **俳人**
五・七・五の音調で読まれる世界一短い詩である俳句を作る人。

● **加賀千代女**
（1703〜1775）
俳人の一人。朝顔の花を題材にした俳句を多く作っている。

読解チェック

Q1 本文の内容に当てはまらないものを一つ選びなさい。

1　ブラックジャックは、おばあさんをすぐに山小屋へ連れて行った。

2　ブラックジャックは、おばあさんを引き渡すかわりに金を要求した。

3　ブラックジャックは、どんな身分の人に対しても高額の治療費を要求する。

4　ブラックジャックは、人を見下すような人間に適切に手術を行わないこともある。

Q2 ❶「彼の診療報酬は高額で」とあるが、どうして高額な治療費を患者にもとめるのか。その理由を二つ挙げなさい。

・____

・____

Q3 ❷「朝顔に　つるべ取られて　もらい水」とあるが、この俳句とおばあさんの事情とが対比的に示されている。それを以下の表に適切な語句を入れ、まとめなさい。

加賀千代女	おばあさん
（❶　　　）に（❷　　　）がまきついている。 ↓ （❷　　　）をちぎってしまうのは可哀想だと思う。 ↓ 自分の家の井戸では（❸　　　）ことができないので、（❹　　　）にもらいに行く。	（❺　　　）に（❻　　　）が大勢やってくる。 ↓ 自分が家にいることで、（❻　　　）を受け入れられないのは悪いし、（❼　　　）にも迷惑がかかる。 ↓ 家を出て、（❽　　　）のところを泊まり歩く。

- 漫画家まんがか　　　　　만화가
- 主人公しゅじんこう　　　주인공
- 連日れんじつ　　　　　　연일
- 病人びょうにん　　　　　병자
- 床とこ　　　　　　　　　잠자리, 이부자리
- 途方とほうにくれる　　　어찌할 바를 모르다
- 翌日よくじつ　　　　　　다음 날
- 発生はっせいする　　　　발생하다
- 負おう　　　　　　　　　(비난, 상처를) 입다, (짐을) 지다
- 駆かけつける　　　　　　달려가다
- 診療しんりょう　　　　　진료
- 後回あとまわしにする　　뒷전으로 미루다
- 言い放ついいはなつ　　　단언하다
- 引き渡すひきわたす　　　넘겨주다, 인도하다
- 脅おどす　　　　　　　　위협하다
- 名医めいい　　　　　　　명의
- 高額こうがく　　　　　　고액
- 裕福ゆうふく　　　　　　유복
- 貧乏人びんぼうにん　　　가난한 사람

- 欲よく　　　　　　　　　욕심, 욕구
- 治療ちりょう　　　　　　치료
- 傲慢ごうまん　　　　　　교만
- 見みせかける　　　　　　일부러 보이다, 과시하다
- 一見いっけん　　　　　　얼핏 보면
- 残酷ざんこく　　　　　　잔혹, 잔인
- 非情ひじょう　　　　　　비정함, 무정함, 모짐
- 義理ぎり　　　　　　　　의리
- 誠実せいじっさ　　　　　성실함
- 説とく　　　　　　　　　풀다, 해석하다
- ちなみに　　　　　　　　덧붙여서 말하면
- 朝顔あさがお　　　　　　나팔꽃
- つるべ　　　　　　　　　두레박
- ちなむ　　　　　　　　　말미암다, 연관되다
- 汲くむ　　　　　　　　　푸다, 퍼서 담다
- 桶おけ　　　　　　　　　통, 나무통
- 巻まきつく　　　　　　　휘감기다, 말리다
- 思おもいやり　　　　　　배려
- 比喩ひゆ　　　　　　　　비유

語彙・表現を深める

途方にくれる
よい方法が見つからずどうしてよいか分からなくなる
重い病気を治してくれる医者を探しても、なかなか見つからず**途方**にくれた。

駆けつける
急いで目的地に到着する
火災が発生し、消防士が現場に**駆**けつけた。

後回しにする
順番を変え、後にする
急患が運ばれたので、風邪で病院に来た私は**後回**しにされた。

引き渡す
ある物や人を他人の手へ移す
事件の翌日、隣のおじさんが犯人を捕まえ、警察に**引き渡**した。

見せかける
偽ってそのように見せる
新車と**見**せかけて、あの店では中古車を売っている。

ちなみに
それに関連して／補足として(ある事柄を述べた後、簡単な説明を加えるときに使う)
手塚治虫の『どろろ』は妖怪退治をメインにした作品です。**ちなみに**、タイトルの『どろろ』は、手塚治虫の幼い頃の友達がどろぼうのことを片言で「どろろう」と言ったことをヒントにしているそうです。

つるべ
井戸から水を得るときに使う桶
あの井戸はもう使われていないから、**つるべ**も無く、ふたが閉められている。

ちなむ
ある物事との関係にもとづく
私の名前は祖母の名に**ちなん**でつけられた。

汲む
水などをすくう
湖から**汲**んだ水はとてもおいしいと思った。

巻きつく
その物のまわりを巻くようにして離れない状態になっている
森を歩いていたら、ヘビが足に**巻**きついてきて驚いた。

重要文法

～たび／～たびに　　～할 때마다

「～のときはいつも」という意味で、あることが起こるときは必ずいつも同じようになるということを表す。

- 最近、彼女は会う**たび**きれいになっているような気がする。
- 飲み会の**たびに**部長の愚痴を聞かされて、うんざりしている。

～を余儀なくされる　　～할 수밖에 없다

「他に方法がなく、～するしかない」という意味を表す。

- 不正の取引を行った会社の社長は、その責任の重さから辞任**を余儀なくされた**。
- 試合で大怪我をし、年内に復帰することが難しいため、退団**を余儀なくされた**。

～ところを／～ところに／～ところで　　～한 중에, ～한 데도

動作・行為のある段階を示す表現。後ろに来る動詞によって、助詞(を・に・で、等)が変わる。

- 息子が学校へ出かける**ところを**近所の人が見たらしく、私に「息子さん、大きくなりましたね」と言ってきた。
- 入社を希望する会社の面接に失敗して落ち込んでいた**ところを**、先輩が励ましてくれた。

～にもまして　　～보다 더, ～이상으로

「Aにもまして、B」という形で、「Aよりも、更にB」ということを表す。

- 今年の冬は、例年**にもまして**、雪がたくさん降った。
- 鈴木さんは大学内で一番きれいだが、それ**にもまして**、彼女のお姉さんはもっと美人だという。

<休み時間に……> CD1・25

彩	ジウさんは、何人兄弟ですか。
ジウ	んー、兄と姉がいるよ。こう見えて、私は末っ子。突然そんなこと聞いて、どうしたの？
彩	うちは両親しかいないから、兄弟がいたらいいな、って思うんです。だって、いつも私のすることに、あれこれ口出ししてくるから、兄弟がいたら、それも分散するかな、って……。
ジウ	でも、それは贅沢な悩みなんじゃないの？　両親がそれだけ大切にしてくれるってことは。そういうのは欲しいと思った時には、案外手に入らないものだよ。
彩	そういうもんですかね……。確かに、いくらお金があったって、買えるものでも、手に入れられるものでもないですよね。
ジウ	たぶん、彩のご両親も、彩が何ものにも換えがたい存在だと思っているんだよ。だからこその口出し。
彩	いやー、でも、本当にうるさいんですよ。私、大学生だっていうのに、いつもだらしがないのなんのって……。
ジウ	（でも、そう言いたくなっちゃう感じだから……それは、仕方ないよ……。）

インターネットで「俳句」「短歌」「川柳」「狂歌」などをキーワード検索すると、いろいろな歌を見ることができます。自分が気に入った歌を一つ見つけて下さい。原文とその作者や出典、韓国語訳、気に入ったところ、面白いところ、どんな気持ちが読まれているかなどをまとめましょう。そして、クラスで紹介しあってみましょう。

コラム 

　本文に、「朝顔に　つるべ取られて　もらい水」という俳句が出てきました。俳句は「世界一短い詩」と言われます。日本にはそのほかにも、少ない言葉で表現する詩の形式が多くあります。いくつか、比較して見てみましょう。

	文字数	特徴
俳句（はいく）	5・7・5	季語（きご）を含んでいるもの。
古池（ふるいけ）や　蛙飛込（かわずとびこ）む　水の音（松尾芭蕉（まつおばしょう）『奥（おく）の細道（ほそみち）』）		
短歌（たんか）	5・7・5・7・7	長い分、俳句に比べて、作者の気持ちが色濃く現われているもの。
清水（きよみず）へ　祇園（ぎおん）をよぎる　櫻月夜（さくらづきよ）　こよひ逢（あ）ふ人　みなうつくしき（与謝野晶子（よさのあきこ）『みだれ髪（がみ）』）		
川柳（せんりゅう）	5・7・5	社会や政治を風刺（ふうし）するユーモアを含んだもの。
このオレに　あたたかいのは　便座（べんざ）だけ（*『サラリーマン川柳』）		
狂歌（きょうか）	5・7・5・7・7	社会風刺や皮肉（ひにく）、滑稽（こっけい）を盛り込んだもの。
つる九百九十九ねんめ　亀（かめ）九千九百九十九ねん　ああ*尚歯会（しょうしかい）（『蜀山百首（しょくさんひゃくしゅ）』）		

　以上を見ると、俳句と短歌、川柳と狂歌は内容が、俳句と川柳、短歌と狂歌は文字数が同じです。また、5音と7音の組み合わせで歌が構成されています。これは「七五調」といい、日本の歌や詩にはこのリズムがよく見られるものです。

---

*『サラリーマン川柳』：1987年から、生命保険会社の第一生命が行っている川柳のコンクール。
*尚歯：老人を尊敬すること。

ウォームアップ

違う考えを持った人同士が関わり合う時、お互いを理解するためには、どうしたら良いでしょうか。例えば、考えが衝突したら、解決するまで言い争うのか、自分から譲歩するかなどが考えられますが、あなた自身はどうしますか。実体験があれば、それも思い出して考えてみましょう。

読む前に

① 一世代前の日本人は、在日韓国人に対してどのような感情をもっていましたか。また、現在はどうですか。

　一世代前 :（　　　　　　　　　　　　）

　現在　　 :（　　　　　　　　　　　　）

② 日韓間の問題の本質が見えにくくなっているのは何の結果だと筆者は考えていますか。

歴史を越えた相互理解

君はこの国を好きか

鷺沢萠（さぎさわめぐ）（1968〜2004）
小説家。代表作は、『川べりの道』、『駆ける少年』。

09

歴史を越えた相互理解

　この名言は、鷺沢萌（さぎさわめぐみ）という作家が平成9年に書いた小説のタイトルである。彼女の父方の祖母は韓国人だった。物語の内容はその影響を強く受けたものになっている。

　一世代前まで、日本国内で在日韓国人への差別があったことは否定出来ない。しかしそんな差別意識が、現在まで根強く（ねづよ）続いているというわけではない。お互いの無知が作り出す日本人と韓国人のすれ違いや、一部の極端な人々が抱いている偏見のような例外はあるが、ほとんどの日本人は、韓国人を差別する意識など抱いてはいない。それは平成9年**においても**そうだったし、今ではいっそう誰もが「在日韓国人」の存在に違和感（いわかん）も抵抗感も持たなくなったといえるだろう。

　しかしそれですべての問題が解決するわけではない。在日韓国人の中には、日本で生まれ、日本で育ち、日本語しか話せない人も少なくない。実態としては、いっそ❶「韓国系日本人」と言ったほうが通じやすいだろう。それでも身体に祖国の民族の血が流れ、国籍が韓国にあれば韓国人には違いないということになる。このジレンマは簡単には言い表すことができない。自分の居場所（いばしょ）がないわけではないのだが、定まらない。民族としてのアイデンティティーは常にあやふやな位置にある。前述した**とおり**、日本人の韓国人に対する、悪意を伴った差別意識はない。しかし育った環境に違いがあれば、それがある種の区別につながることはある。そしてまた差別の歴史があったという事実が、過去への「反省」**を通じて**、新たな壁を作ることになることもある。

　韓国人への❷差別問題が大きく取り沙汰（とざた）されることはもうないだろう。しかし、一部の人たちが「反韓」（はんかん）や「嫌韓」（けんかん）をあらわにする出来

事はなくなっていないし、韓国側にも依然として本来の意味での反日感情はなくなっていない。少なくとも、報道ではそのように言われている。

　分かり合うための努力をしないままに、表向きの日韓交流が盛んになった結果、問題の本質がその影の中に隠されてしまっているように思う。解決策は至ってシンプルなのだ。誰もがわざわざ「きみはこの国を好きか」などと問わないで済むくらい、互いを知ることが出来ればいいのである。

名言の出典：鷺沢萠『君はこの国を好きか』新潮社

Q1 ❶「「韓国系日本人」と言ったほうが通じやすい」とあるが、実際には「韓国系日本人」と呼ばれにくいことについて、筆者はどう述べているか。以下の空欄に当てはまる語句を入れなさい。

日本の生活に溶け込んでいるとはいえ、彼らは自分自身の中に(❶　　　　　　　　　)が流れていることを感じ、また、韓国に(❷　　　　　　　)が存在しているため、自らを(❸　　　　　　)であると考えるのである。彼らの(❹　　　　　　　　　)は日本に属するのか、韓国に属するのかと単純に言うこともできないため、「韓国系日本人」とすぐには言えない。

Q2 ❷「差別問題が大きく取り沙汰されることはもうない」と筆者は述べているが、大きくは無くても差別意識が完全に無くなったわけではない。日本と韓国において、未だに存在する意識について、それぞれまとめなさい。

［日本］：____

［韓国］：____

Q3 本文の内容に最も合っているものを二つ選びなさい。

1　差別する意識を持った人は、日本でも韓国でも減りつつあるが、完全に消えたとはまだいえない。
2　「君はこの国を好きか」と問うことで、差別意識に気づき改善していくべきだと筆者はいう。
3　表向きの日韓の関わり合いによって、互いを十分に理解できるのである。
4　育った環境の違いにより生じる区別や、差別の歴史やその反省などによって、関係が上手くいかないことも考えられる。

語彙・表現ボックス 

● 父方ちちかた	부계	
● 在日ざいにち	재일	
● 根強ねづよい	뿌리 깊다	
● 無知むち	무지	
● 作り出すつくりだす	만들어 내다	
● すれ違ちがい	엇갈림, 스치듯 지나감	
● 極端きょくたん	극단	
● 偏見へんけん	편견	
● 違和感いわかん	위화감	
● 実態じったい	실태	
● いっそ	차라리, 도리어	
● 祖国そこく	조국	
● 民族みんぞく	민족	

● 言い表すいいあらわす	말로 표현하다, 고백하다	
● 居場所いばしょ	있는 곳, 자리	
● 定さだまる	정해지다, 안정되다	
● あやふや	애매함, 불확실함	
● 前述ぜんじゅつする	전술하다	
● 悪意あくい	악의	
● 取り沙汰とりざた	소문, 풍문	
● あらわにする	드러내다	
● 依然いぜんとして	여전히	
● 表向おもてむき	표면상	
● 至いたって	매우, 몹시	
● わざわざ	일부러	

語彙・表現を深める

父方
父親の家系
父方の祖父母はすぐ近くに住んでいるが、母方の方は、遠い北海道に住んでいる。

根強い
長く続き、変わらない様子
フローリングの部屋が増えても、こたつは**根強い**人気があります。

すれ違い
互いの近くを通って、それぞれ反対の方向へ進むこと／意識がお互いに合致しない状態
とても仲が良かったのに、あのカップルは喧嘩して以来、ずっと**すれ違い**状態だ。

いっそ
むしろ／かえって
こんな嵐の中で試合を行えば怪我をすることは明らかである。**いっそ**中止にした方がいいだろう。

言い表す
言葉を使って表現する
入院していたときは、**言い表せない**くらいの痛みと毎日戦っていた。

居場所
いるところ
書類を渡してくれと頼まれたけど、相手の**居場所**が分からず、結局渡せなかった。

あやふや
はっきりしない様子
昔、先生のお宅に伺ったことがあるが、どんな家だったか、記憶は**あやふや**だ。

取り沙汰(する)
世間で噂をすること
近年、少子高齢化問題が**取り沙汰されて**いるが、解決の道筋がなかなか見えてこないように感じる。

あらわにする	隠すことなく、全て見えるようにする

それまで笑顔だったにも関わらず、彼が来たとたん、嫌悪をあらわにした。

表向き	外にあらわれた部分や事情／うわべ

表向きは円満そうに見えるが、見えないところではよく言い争っているらしい。

至って	きわめて／非常に

時計が動かず修理に出したら、電池が切れたという至って単純なことだった。

～において　～에서, ～에 있어서

動作や出来事の場所や範囲、時間を表す。「～で」に置き換えることが出来る場合が多い。

- 東アジア地域において、交換留学生のプロジェクトの実施準備が整いつつある。
- 現代においても、公務員になれば生活は安定すると考えている人がいるという。

～とおり／～とおりに　～대로

「～と同じように」ということを表す。

- おっしゃったとおり、その商品の売れ行きは下がりつつあります。
- 説明書のとおりに操作すれば、この電子レンジでパンを作ることができます。

～を通じて／～を通して　～을 통해서, ～에 걸쳐

「～を間に入れて」の意味で、ある行為を媒介するものや変化の原因となるものを示す。また、期間や区間をあらわす語句に続くと、「～の間ずっと」の意味を表す。

- 地域の人たちとの交流を通じて、彼は大きく成長したようだ。
- 東京と比較すると、沖縄は1年を通して気温の高い日が多い。

～くらい　～할 정도로

「AくらいB」の形で用い、Bの程度をAで表現している。

- 毎日でも食べたいくらい、納豆が大好きです。
- 彼はささいなことでもすぐ怒るくらい、短気な性格だそうだ。

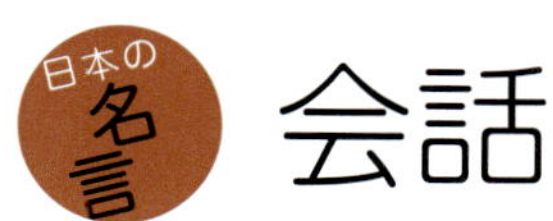

会話

<映画『パッチギ』(井筒和幸監督、2005年)を見て>  CD1・28

拓哉　韓国と日本の間には、歴史的に見ると色々とあったなぁ……。

ジウ　そうだね。でも、この映画では、激しい喧嘩をしたり、葛藤したりすることもあるけれど、最後に二人の恋が結ばれた。こんなふうに、日本と韓国もハッピーエンドに向かっていくようになればいいと思うよ。

拓哉　お、いいこと言うじゃん。ジウは日本のこと、好き？

ジウ　好きとか嫌いとか、パッと言えないね。

　　　好きなところもあるけど、そうでないところもあるから。

拓哉　なるほど。確かに、俺もそうかも。

ジウ　でも、以前よりは日本のことを理解できるようになったって思うよ。「日本は間違っている」っていう見方じゃなくて、「違うだけなんだ」って考える方に変わったの。

拓哉　うーん、俺はまだ、理解したって言えるくらいの韓国についての知識が全然無いな。

ジウ　これから知っていくのだっていいと思う。好き嫌いを言う前に、相手を知ろうとするって気持ちが大事！

拓哉　もう一回、『パッチギ』見て、考えてみるか。

タスク

人は様々な文化に対して、ステレオタイプを抱くことがあるでしょう。あなたは、そのような経験がありますか。また、自文化に対する偏見を感じたことはありますか。いくつか例を挙げてみましょう。そして、そのような偏見がなくなった経験や偏見を持つことで生じる問題について話し合ってみましょう。

ウォームアップ

名言を読んでみましょう。クラスの人たちもみな異なり、それぞれいいところを持っているでしょう。自分は持っていないけれど、相手は持っている良いところをお互いに伝え合いましょう。

読む前に

童謡詩人の金子みすゞの作品活動と彼女の詩「わたしと小鳥とすずと」に関する内容に注目して読んでみましょう。

① 彼女はどうして「幻の童謡詩人」として語り継がれるようになりましたか。

② 彼女の作品が再び世に送り出されたきっかけは何でしょうか。

③ 「みんなちがって、みんないい」のフレーズはどのような形で、定着しつつありますか。

多様性を認める愛の詩

みんなちがって、みんないい

金子みすゞ（1903〜1930）
童謡詩人。山口県出身で、大正時代末期から昭和時代初期にかけて活躍した。

10

多様性を認める愛の詩

● **大正**
日本の時代の1つ。1912年から1926年までの期間をさす。

● **昭和**
日本の時代の1つ。1926年から1989年までの期間をさす。

● **NHK「みんなのうた」**
1961年から放送され始めたNHKの子供向け音楽番組。2006年に放送45周年を迎えた。

　この名言は、大正末期から昭和初期にかけて活躍した童謡詩人の金子みすゞの「わたしと小鳥とすずと」という詩の一節です。

　彼女は本名を金子テルといい、20歳から詩を書き始め、26歳の若さにしてこの世を去るまでに約500編もの詩を綴ったとされています。その評価は、彼女の詩が大正12年（1923年）9月に『童話』、『婦人倶楽部』、『婦人画報』、『金の星』という当時の著名な4誌に一斉に掲載されたことや、大正時代を代表する童謡詩人である西条八十から、「若き童謡詩人の中の巨星」と賞賛されたことによって認められています。しかし、結婚運が悪く、病に侵されて早逝したことから、彼女の作品は散逸してしまい、いつしか「幻の童謡詩人」として語り継がれるようになりました。

　そして彼女の死から半世紀以上を経た昭和57年（1982年）、長いあいだ埋もれていた彼女の作品は、児童文学者の矢崎節夫が編集した『金子みすゞ全集』によって再び世に送り出されます。矢崎は、『日本童謡集』という本にたまたま掲載されていた、みすゞの「大漁」という詩に激しい衝撃をうけたのでした。人々の心を揺さぶる彼女の作品は瞬く間に広がり、現在では小学校の国語の教科書にも、「わたしと小鳥とすずと」、「大漁」などの作品が掲載されています。

　「みんなちがって、みんないい」のフレーズも、「わたしと小鳥とすずと」の詩そのものも、今ではみすゞの作品のなかで知名度の高いものの一つです。NHKの「みんなのうた」という番組で放送され、また、日本の首相が国会答弁でこの詩を引用し、人それぞれの能力や可能性について論じたこともありました。それだけ長い年月を経て定着しつつある言葉です。

　みすゞの詩は、誰もが一度は経験したであろう物事を、子供たちにもわかるシンプルな言葉を連ねて表現していて、何度読んでも人々の心に迫ります。人権、平和、自然、いじめ等、彼女の作品は様々な社会問題と結び付けて解釈されていますが、その解釈も、解釈する人の人生も、まさに「みんなちがって、みんないい」のではないでしょうか。

　　　　わたしが両手をひろげても
　　　　お空はちっともとべないが、
　　　　とべる小鳥はわたしのように、
　　　　地面をはやくは走れない。

　　　　わたしがからだをゆすっても、
　　　　きれいな音はでないけど、
　　　　あの鳴るすずはわたしのように
　　　　たくさんなうたは知らないよ。

　　すずと、小鳥と、それからわたし、
　　みんなちがって、みんないい。
　　（「わたしと小鳥とすずと」）

　　　名言の出典：金子みすゞ『わたしと小鳥とすずと』JULA出版局

読解チェック

Q1 金子みすゞについて、当てはまるものには〇、当てはまらないものには×をつけなさい。

1 （　　　　） 亡くなった後も高い評価を受け続けた。
2 （　　　　） 幼少期から詩を書くことが好きであった。
3 （　　　　） 生存中は、詩人としてあまり知られていなかった。
4 （　　　　） 他の童謡詩人からも高く評価されていた。

Q2 下線部の作品について、括弧内に適切な語句を入れて文章を完成させなさい。

この作品は、金子みすゞの作品のなかで(❶　　　　　　　　)の高いものの一つである。
(❷　　　　　　　　)の「みんなのうた」で放送されたり、国会答弁において日本の首相が人
の持つ(❸　　　　　　)や(❹　　　　　　　　)について論じたりと、長い年月をかけて人々
に(❺　　　　　　)してきた言葉である。

Q3 金子みすゞの詩について、不適当なものを一つ選びなさい。

1 現代の人々にも共感できる心情が表現されている。
2 様々な社会問題と結びつけて解釈されている。
3 何度読んでも人の心に訴えかけてくるものがある。
4 抽象的な言葉を用いて、人の心の繊細さを詩にしている。

- 末期まっき　　　　　말기
- 世ょを去さる　　　세상을 떠나다, 죽다
- 著名ちょめい　　　저명함
- 巨星きょせい　　　거성
- 賞賛しょうさんする　칭찬하다
- 侵おかす　　　　침범하다, 침해하다
- 早逝そうせいする　젊어서 죽다, 요절하다
- 散逸さんいつする　흩어져 없어지다
- いつしか　　　어느덧, 어느새
- 幻まぼろし　　　환상, 환영
- 語り継ぐかたりつぐ　구전하다

- 埋うもれる　　　묻히다, 덮이다
- 送り出すおくりだす　배웅하다, 내보내다
- 大漁たいりょう　　대어, 물고기가 많이 잡힘
- 心こころを揺ゅさぶる　마음을 흔들다
- 瞬またたく　　　눈을 깜박이다
- 知名度ちめいど　　지명도
- 答弁とうべん　　　답변
- 心こころに迫せまる　마음에 와 닿다
- 人権じんけん　　　인권
- 結び付けるむすびつける　묶다, 연결시키다

世を去る　死ぬ
父が**世を去**ってから、もう20年になりますが、実家に帰るたびにその面影を思い出します。

賞賛する　ほめる
多くの映画評論家から**賞賛**された作品を来週見に行くことにしました。

早逝する　若くして、死ぬ／早死にする（「早世する」とも書く）
不慮の事故で**早逝**した兄はいつも笑顔のたえない人だった。

散逸する　散らばって、どこへ行ったか分からなくなる
部屋を掃除せずに論文を書いていたら、各章が**散逸**してしまって、また印刷しなければならなくなった。

いつしか　いつか
この建物が取り壊され、**いつしか**歴史ともども忘れ去られてしまうことでしょう。

心に迫る　人の心に強く訴え、響く
他の人は単純だと低評価をしていたが、読んでみると非常に**心に迫る**ストーリーだった。

重要文法

～から…にかけて　～부터 …에 걸쳐서

ある時点・場所から、別の時点・場所までの間の範囲を表す。

- 関東地方<ruby>関東<rt>かんとう</rt></ruby>から東海<ruby>東海<rt>とうかい</rt></ruby>地方にかけて、大雨<ruby>大雨<rt>おおあめ</rt></ruby>が続いています。
- 梅雨とは、6月上旬から7月下旬にかけて雨が多く降る時期のことです。

～にして　～에, ～로써

「～の年齢・期間等で」を意味する。想像したよりも大きい・小さい、多い・少ないなど、意外性の意味を込めて使う場合が多い。

- 祖父は80歳にして、水泳の大会で優勝した。
- 一緒に日本語の勉強を始めたのに、金君は3ヶ月目にして検定3級に合格した。

～ことから　～로 인해, ～가 원인이 되어

「～ことが原因／理由となって」ということを表す。後ろに結果が来る。

- そのお菓子は、テレビで取り上げられたことから有名になりました。
- 最初に美味しくない刺身を食べたことから、刺身や生ものの寿司<ruby>寿司<rt>すし</rt></ruby>が嫌いになった。

～つつある　～하고 있다, ～중이다

「だんだん～してきている」という意味で、変化している途中を表す。

- 市民がかねてから求めていた橋が、出来つつある。今年中には完成しそうだ。
- 旅行の日程が決まりつつあったが、変更の希望があり、まだ確定していない。

 会話 

<バレンタインデー> CD2・03

拓哉	おい、ヨンハ。たくさんチョコもらったなぁ。チョコをくれた人たちの中で付き合いたい子はいるの？
ヨンハ	ん〜、愛子ちゃんは可愛くて笑顔が最高だし、千恵ちゃんは優しくて面倒見がいいし、静香ちゃんはクールに見えて実は情熱的だし……みんなそれぞれいいところがあって迷ってるんです。
拓哉	おいおい、そんなことだからいつまでも本当に好きな人と出会えないんだぜ。
ヨンハ	「みんなちがって、みんないい」ってことなんですよ。
拓哉	おい、それはヨンハが自分に都合のよいように考えているだけだろ。ヨンハは、「二*兎を追うものは一兎をも得ず」だよ。
ヨンハ	あっ、拓哉さんに*一本とられたなぁ。

---

*兎：うさぎのこと。「二兎を追う者は一兎をも得ず」は、欲張って２つのものを同時に追い求めると、かえって両方を失って損をしてしまうという意味のことわざ。
*一本(を)とる：勝負などで、勝つこと。

繰り返しの記号　－踊り字－

　日本語の文では、同じ文字を繰り返す時に、「踊り字」と呼ばれる記号を使うことがあります。現代の文章では漢字繰り返しの際に「々」が使われるぐらいですが、昭和前半ぐらいまでの古い文章を読むときには必ず出会うことでしょう。また、これらの記号は、行の先頭には使わないなど一定の規則があります。

　パソコンでは、「くりかえし」と入力し、漢字変換すると見ることができるので、やってみましょう。

記号	繰り返す文字の種類	例
ゝ	ひらがな	すゝめ(すすめ)、いさゝか(いささか)
ゞ	ひらがな（濁音）	いすゞ(いすず)、つゞく(つづく)
ヽ	カタカナ	マヽ(ママ)、コヽア(ココア)
ヾ	カタカナ（濁音）	ダヾイズム(ダダイズム)、トヾ(トド)
々	漢字	時々、人々、山々、散々だ、我々

ウォームアップ

名言を読んでみましょう。何かに失敗し落ち込んでいる
人に松井選手が語りかけたことばです。思い通りにうま
くいかなくて落ち込んでいる友達にあなたならどんなこ
とばをかけますか。グループで話し合いましょう。

読む前に

以下の松井の発言について注目しながら読んでみましょ
う。そして、その発言の意味についてまとめましょう。

松井の発言	意味
もし、失敗に絶望している人がいれば、こう思えませんか。「成功率３割を目指している松井よりはマシか」と。	
思い通りにいかなくても「まあ、いいか」ぐらいに思っていると、うまくいくような気がします。	

松井秀喜（まついひでき）（1974〜）
日本・アメリカを通じて活躍しているプロ野球選手。愛称は「ゴジラ」。

スポーツ

「ありきたり」な努力を着実にこなし、成果へとつなげる

もし、失敗に絶望している人がいれば、こう思えませんか。
「成功率3割を目指している松井よりはマシか」と。

説明

もし何かに失敗し、落ち込んでいる人がいるならば、「3割成功すればいいと思っている松井よりはまだいいほうだ」と思ってほしい。

11

「ありきたり」な努力を着実にこなし、成果へとつなげる

CD2・05

● **巨人軍**
日本のプロ野球チームの1つである「読売ジャイアンツ」の愛称・別称。

● **本塁打王**
本塁打とはホームランのことで、その年の全試合を通して最もホームランの数が多かった選手を本塁打王と呼ぶ。

● **ニューヨーク・ヤンキース**
(New York Yankees)
アメリカ合衆国メジャーリーグの、アメリカンリーグに所属するプロ野球チームの名称。

● **シアトル・マリナーズ**
(Seattle Mariners)
メジャーリーグの球団の1つ。

松井秀喜は、日本プロ野球界を代表する長距離打者の一人でした。高校時代から対戦相手校を恐れさせる怪物のようなバッターで、1993年に巨人軍に入団してからも、「本塁打王」3回、「MVP」3回などトップレベルの活躍を見せました。2003年に、松井はアメリカへ渡り、ニューヨーク・ヤンキースの一員としてメジャーリーグに挑戦することになりました。メジャーの試合に出場する松井のプレーは、シアトル・マリナーズ所属のイチローなどと同様に、日本国内のスポーツニュースでも常に注目される話題の一つです。

2007年、松井自身がこれまでの野球人生を振り返った著作『不動心』が日本で出版され、大ベストセラーとなりました。松井のイメージといえば、失敗に落ち込んだり成功に舞い上がったりせず、常に「前向き」で「謙虚」な男といったところですが、『不動心』というタイトルは、そのキャラクターをよく表しています。

「もし、失敗に絶望している人がいれば、こう思えませんか。『成功率3割を目指している松井よりはマシか』と」という言葉は、この著書から引用したものです。これはどういう意味なのでしょうか。松井は次のように説明しています。「プロ野球のバッターは、打率3割を打てば一流と認められます。つまり、一流選手でも、7割近くは打ち取られているわけです。他の仕事で成功率3割では成り立ちませんよね。それぐらい、野球は失敗のスポーツといえます」。少々の失敗を犯したところで悩んだりはせずに、「仕事で7割も失敗している松井に比べればマシ」と思って前向きに生きてほしいということです。

松井は、「思い通りにいかなくても『まぁ、いいか』ぐらいに思っていると、うまくいくような気がします」とも言っています。もち

ろんこれは、単なる諦めや開き直りではありません。松井が言いたいのは、「コントロールできない過去よりも、変えていける未来にかける」、「悔しさは『過去』ではなく『未来』へぶつけるのだ」ということです。

　この、失敗を受け入れる「前向き」な姿勢は、松井の「謙虚」な性格の裏返しでもあるように思えます。「日本でプレーしていたときもそうでしたが、重要なのは、自分は不器用で野球の素質もないのだと認識すること、つまり己を知り、力の足りない自分自身を受け入れることだと思うのです」と松井は言います。そして、「自分に何が欠けているのか」を正確に知って、それを補う努力を継続していく**ことなしには**、一流選手にはなれないというのが、松井の持論です。

　もちろん、「前向きな姿勢」や「謙虚な性格」というのは、美徳としても人生訓としてもありきたりなもので、どんな分野であれ成功した人たちが必ず口にする言葉です。しかし、トップアスリートとして築き上げてきた一流の結果・実績が、松井のこの平凡な言葉にも輝きと説得力を持たせています。平凡でありきたりなことを素直に実践できるということ。それが最も難しいことであり、一番の才能なのかも知れません。

名言の出典：松井秀喜『不動心』新潮新書

● **人生訓**
人間の生き方についての教え。

Q1 松井の性格を象徴する語句を二語抜き出しなさい。

Q2 下線部を説明する文として最も適当なものを、以下の選択肢から選びなさい。

1　失敗して落ち込んでいる人には、「プロ野球選手として活躍する松井でさえ、7割は成功しているのだから、自分はもっと成功しなければならない」と考えてほしい。

2　失敗して落ち込んでいる人は、プロ野球選手として活躍する松井でさえ、7割は成功しているのだから、自分もそのくらいになるように努力してほしい。

3　失敗して落ち込んでいる人は、プロ野球選手として活躍する松井でさえ、3割しか成功せず、残りの7割は失敗しているのだから、起きてしまった失敗を気にしすぎずに、希望を持ってほしい。

4　失敗して落ち込んでいる人は、プロ野球選手として活躍する松井でさえ、7割しか成功せず、残りの3割は失敗しているのだから、起きてしまった失敗に悩みすぎず、安心してほしい。

Q3 松井の主張として最も適切なものを、以下の選択肢から選びなさい。

1　起きてしまった失敗を悔やむよりも、そこから学び、次につなげてゆく姿勢を維持する事が大切である。

2　起きてしまった失敗は、納得がいかないものなので、いつまでも考え続けなければならない。

3　失敗は、一度起きてしまうと、取り返しがつかないので、出来るだけ避けるよう慎重になるべきだ。

4　起きてしまった失敗には、必ず原因があるので、周りの人に何が欠けていたのかを考えて対処しなければならない。

語彙・表現ボックス

● ありきたり		평범함, 진부함, 얼마든지 있음
● 絶望ぜつぼうする		절망하다
● ましだ		더 낫다, 더 좋다
● 対戦たいせん		대전
● 怪物かいぶつ		괴물
● 振り返るふりかえる		되돌아보다
● 落ち込むおちこむ		침체하다, 빠지다
● 舞い上がるまいあがる		흥분하다, 날아 올라가다
● 前向まえむき		앞을 향함, 적극적이고 긍정적인 생각이나 태도
● 打ち取るうちとる		상대를 이기다, 쏘아 죽이다
● 成り立つなりたつ		성립되다, 이루어지다
● 諦あきらめ		단념, 체념
● 開き直りひらきなおり		갑자기 태도를 바꾸어 강하게 나옴, 정색하고 나섬
● 裏返うらがえし		뒤집기, 반대, 역
● 不器用ぶきよう		솜씨가 서투름
● 持論じろん		지론
● 美徳びとく		미덕
● 築き上げるきずきあげる		쌓아올리다
● 説得力せっとくりょく		설득력
● 実践じっせん		실천

語彙・表現を深める

ありきたり
どこにでもあるようなこと／平凡である
失恋した彼女に、**ありきたり**の言葉しかかけてあげられなかった。

ましだ
悪いことに比べれば、それよりは良い
雪の中、学校に行こうとして、滑って怪我をするくらいなら、遅刻したとしても歩いた方が**ましだ**。

落ち込む
無気力な状態や悲しい気持ちになる
一生懸命勉強したが、入試に失敗してとても**落ち込ん**でしまった。

舞い上がる
うれしいことなどがあって、喜んで浮かれる・冷静さを失う
彼は、ちょっと褒められたくらいですぐに**舞い上がっ**てしまう。まだまだ子供だ。

前向き
物事を楽観的・積極的に考えること
彼女は不器用ですが、一生懸命やろうとする**前向き**な姿勢が良い。

打ち取る
勝負で相手を負かす
今日のピッチャーは、怪物と呼ばれるあのバッターをも三振に**打ち取っ**てしまった。

開き直り
失敗などを反省せずに大きな態度をとること
失敗したら、**開き直り**はせずに、素直に反省しましょう。

裏返し
表と裏が逆転していること(本文では、表と裏が一体になっていること)
今朝は寝坊したために、Tシャツを**裏返し**に着たまま家を出てしまった。

不器用
手先で何かすることが下手なこと／要領が悪いこと
不器用な彼女が作ってくれた手編みのマフラーは、格好良くはなかったが、今までにもらったプレゼントの中で一番嬉しいものであった。

築き上げる
積み重ねて作る／努力により成し遂げる
議論を重ねて、新しい理論を**築き上げ**ていく。

重要文法

～といえば　　～라면

あるものに関係するもの、それから連想されるものについて述べるときに用いる。

- 去年、大阪（おおさか）に行ってきました。大阪といえば、お好み焼きやたこ焼きが有名です。
- 私はサッカーが好きですが、応援しているチームといえば東京FCです。

～といったところだ　　대개(거의) ～라고 할 수 있을 것이다

「しいて言えば・あえて言えば～といえるだろう」という話者の判断を述べる表現。

- 彼は、独特な芸人（げいにん）で、さしずめ、日本のチャップリンといったところだ。
- 夕方には、涼しく感じるようになった。夏の暑さも一段落（いちだんらく）といったところだね。

～たところで　　～한다 해도, ～해 봤자

「～たところで…ない」と後ろに否定を置く形で使われることが多い。「～」が後の結果に影響を与えないことや、無駄であることを示すために使われる。逆接表現。

- 今夜から明日のテストの勉強をしたところで、いい点がとれるはずがない。
- 彼女にふられたところで、人生が終わるわけではない。

～ことなしに(は)　　～하지 않고서(는)

「もし～がなかったとすれば」という仮定の表現。

- 酒を飲むことなしには、生きていくのは難しいと思う。
- 多くの人から援助を受けることなしには、あの街はこんなにも早く、地震の被害から立ち直ることは出来なかっただろう。

会話

＜研究室にて＞　CD2・06

拓哉　ヨンハ、この前書いてた学会誌への投稿論文、どうだった？

ヨンハ　んー、残念ながら、載りませんでした。

拓哉　そっか……また今度、載せてもらえるように頑張ろうぜ。

ヨンハ　今回、結構頑張ったのにこの結果だったんで、ちょっと自信なくしちゃいましたよ。

拓哉　でも、雑誌に論文が載るっていうのは、研究者、つまりプロとして認められるってことだろ。まだその最初の一歩で失敗しただけじゃん。

ヨンハ　ま、まあ……。

拓哉　あの有名な松井なんて「バッターは、７割が失敗。だから、自分も３割成功すればいいだろう」くらいに考えろって言ってるよ。お前なら、もっとそれ以上のものを目指してやってけるだろ？

ヨンハ　そうですね、そんな３割なんて低い成功率で行動したいとは思いません。もっと、頑張っていきたいですね。

拓哉　そうだな。だけど、松井はだからって向上心がなかったりするわけじゃなくて……。

ヨンハ　それでも頑張っているってことですね。
僕も*めげずに前に進んでいきたいと思います。

---

*めげる：やる気や気力が弱まること。

タスク

スポーツ選手の言葉

スポーツというと全世界で共通して行われているものです。オリンピックを考えてみれば、世界中の人々が熱中し、またその感動を味わっています。その魅力とは一体なんなのでしょうか。もちろん、自国の選手を応援するということもありますが、彼らがこれまでの苦労を語り、ようやく勝ち取ったメダルに喜ぶ姿を見たり、努力が報われなかった選手を見たりして、その生き方に共感するのではないでしょうか。世界のスポーツ選手が言った言葉の中で、「名言」と思う言葉を探し、その解説文を書いてみましょう。

ウォームアップ

つまらない時間があるとしたら、どんなことをして過ごしますか。具体的にしたことを話しましょう。もし思い出せなければ、どうしたらその時間が面白く、満足できるものになるか考えてみましょう。

読む前に

① 欧米の軍艦が来るようになり、日本国内はどのような状態になりましたか。14字で抜き出しなさい。

② 「奇兵隊」はどのような軍隊ですか。

③ 筆者は、「人生の醍醐味」は何であると述べていますか。

つまらない世の中を
面白く生きるためには

おもしろきこともなき世をおもしろく
住みなすものは心なりけり

説明

面白いことの無い世の中を面白く過ごすことができるかどうかは、心の持ちようにかかっている。

高杉晋作（たかすぎしんさく）（1839〜1867）
日本の武士。長州藩士を集めて「奇兵隊」を作り、江戸幕府倒幕に貢献した。

12

つまらない世の中を
面白く生きるためには

CD2・08

● **自走式軍艦**
機関(エンジン)を搭載
した軍艦のこと。

● **江戸幕府・徳川幕府**
徳川家康が江戸(現在
の東京)を拠点として
創設した政権のこと。
徳川幕府とも呼ばれ、
264年続いた。

● **長州藩**
江戸時代に現在の山口
県にあった藩のこと。
藩とは、当時の大名
(幕府の将軍から土地
を与えられた武士)が
支配していた領地のこ
と。

● **武家**
武士の家、一族。

● **奇兵隊**
江戸時代後期に長州藩
に結成された部隊のこ
と。

1853年、それまで260年間鎖国をし続けていた日本に、4隻の軍艦がアメリカからやってきて開国を迫り、それを皮切りに次々と外国船が日本を訪れるようになった。当時蒸気機関の技術など持っていなかった日本は、欧米の巨大な自走式軍艦を目の当たりにして、蜂の巣をつついたような大騒ぎとなった。一部の日本人は「このままの日本ではいけない」という焦燥と不安を抱き、「江戸幕府(当時の日本政府)を倒さねばならない」という考えに徐々に傾いていった。その中でも特にその発想が急進的だった長州藩(現在の山口県)に武家の子として生まれたのが、高杉晋作である。

高杉晋作といえば、彼の組織した「奇兵隊」が有名である。江戸時代には武士・商人・職人・農民といった身分の厳しい区別が行われており、どのような身分の家に生まれるかで自分の人生がおおよそ決まるのが普通だった。武士の子は武士、農民の子は農民である。その一方で、武士階級の者が必ずしも勇敢で強健であるわけではないということをいち早く見抜いていたのが晋作だった。中国上海で太平天国の乱を目の当たりにした晋作は、中国正規軍よりも、高い志を持った農民や商人からなる反乱軍のほうがよほど強力であるということを実感した。「奇兵隊」はこの発想から生まれたものである。身分にはこだわらず、戦う気のある人すべてを部隊として編成するという、大変珍しい軍隊だった。幕府に敵対する急進的発想を持っていた長州藩は、とうとう江戸幕府と戦火を交えることになる。これは今でいえば山口県が日本政府に戦いを挑むようなものであって、もとより勝てる見込みは薄かったはずである。ところが、政府軍にあっさり鎮圧されるかと思いきや、その戦いに長州藩が勝ってしまったのだ。その勝利に貢献したのが「奇兵隊」の勇敢な兵士た

ちだと言われている。

　「おもしろきこともなき世をおもしろく」は、結核に侵され、徳川幕府の正式な崩壊を見ることなく29歳で亡くなった高杉晋作が、病床で詠んだ辞世の歌(上の句)である。看病に当たっていた女流歌人の野村望東尼が、つづけて下の句を、「住みなすものは心なりけり」と詠んだと言われている。「世の中はつまらないから……」などというセリフは、時代を問わず人々が口にすることかもしれない。晋作にとっても、彼の生きた時代は面白くなかったのだろう。しかし、この辞世の歌からは、農民や商人の軍隊で幕府の軍を打ち破るなど、世の中を少しは面白いものに変えてやったのだという彼の達成感が感じられなくもない。

　晋作のように武力を用いた闘争を起こすかどうかはともかくとして、何とかして世の中をおもしろく「住みなす」べく知恵を絞り、刻苦勉励し、そして勇断を下してゆくのが人生の醍醐味である。そういう「心」を持ってさえいれば、29歳でも晋作のように、なにがしかの満足感をもって人生の幕を下ろすことができるのであろう。

名言の出典：奈良本辰也『高杉晋作』中公新書

● **太平天国の乱**
中国清代に起きた、キリスト教徒による大規模な反乱のこと。

● **住みなす(古語)**
(前に来る語を受けて)
〜のように住むこと

読解チェック

Q1 「江戸幕府(当時の日本政府)を倒さねばならない」という考えが生まれたのはなぜか。下の括弧に当てはまる言葉を書きなさい。

日本は260年もの間(❶　　　　　　　)をしていたが、(❷　　　　　　　)年以降、開国を迫る(❸　　　　　　　)が次々と日本を訪れるようになった。そして(❹　　　　　　　)の進んだ技術を目の当たりにした日本人は、(❺　　　　　　　)に不安と焦りを抱くようになったから。

Q2 「奇兵隊」とはどのような組織であるか。当てはまるものには〇、当てはまらないものには×をつけなさい。

1　(　　　　)　長州藩の武士だけの集まりである。
2　(　　　　)　鎖国を続けることを目標としていた。
3　(　　　　)　中国の正規軍を真似て結成された。
4　(　　　　)　江戸幕府と戦い、勝利を収めた。

Q3 本文の内容として最も適切なものを、以下の選択肢から一つ選びなさい。

1　世の中がおもしろくないのは、自分ではどうしようもできない問題であるので、仕方がないと考える方がいい。
2　世の中がおもしろくないのは、自分の運が悪いせいであるから、運が良くなるまで待ってみるのがいい。
3　世の中をおもしろくするためには、どうすればよいか考え、自ら努力することが大切である。
4　世の中のおもしろさは、自分の今いる環境によって変わってくるため、良い環境を選んだ方がいい。

語彙・表現ボックス

● 住すみなす	살다, 거처하다	● 戦火せんかを交まじえる	전쟁을 벌이다
● 鎖国さこく	쇄국	● 挑いどむ	도전하다, 맞서다
● 軍艦ぐんかん	군함	● もとより	원래, 물론
● やってくる	다가오다, 찾아오다	● 見込みこみ	전망, 예상, 장래성
● 次々つぎつぎと	차례차례로	● あっさり	깨끗이, 간단히
● 目まの当あたりにする	직접 눈으로 보다, (문제 등에) 직면하다	● 鎮圧ちんあつする	진압하다
● 蜂はち	벌	● 結核けっかく	결핵
● つつく	쏘다	● 崩壊ほうかい	붕괴
● 大騒おおさわぎ	큰 소동	● 病床びょうしょう	병상
● 焦燥しょうそう	초조	● 詠よむ	읊다
● 急進的きゅうしんてき	급진적	● 辞世じせい	죽음, 세상을 떠남
● 勇敢ゆうかん	용감	● 女流じょりゅう	여류
● 強健きょうけん	강건	● 歌人かじん	시인, 和歌의 작가
● いち早はやく	재빨리, 맨 먼저	● 口くちにする	입에 담다, 먹다
● 見抜みぬく	꿰뚫어 보다, 알아채다	● 打ち破るうちやぶる	깨다, 무찌르다
● 正規せいき	정규	● 達成感たっせいかん	달성감
● 志こころざし	뜻, 호의	● 闘争とうそう	투쟁
● 反乱軍はんらんぐん	반란군	● 刻苦勉励こっくべんれい	각고면려, 매우 애쓰며 노력함
● よほど	상당히, 훨씬	● 勇断ゆうだんを下くだす	용단을 내리다
● こだわる	구애되다	● 醍醐味だいごみ	묘미, 참맛
● 部隊ぶたい	부대	● 幕まくを下ぉろす	막을 내리다
● 敵対てきたいする	적대하다		

語彙・表現を深める

住みなす （「住みなす」の前に来る語を受けて）〜のように住む
鈴木さんはこぎれいに**住みなす**していて、部屋を訪れるたびにいつも感心します。

やってくる ある場所からこちらへ向かってくる
欧米から**やってきた**パンの食文化は、今や日本の食卓にすっかりなじんでいます。

目の当たりにする 自分の目の前のこととして見る／問題などに直面する
初めて空港に行った息子は、大きな飛行機を**目の当たりにして**興奮しているようだった。

いち早く 一番早く／誰よりも早く
日本で世界の流行を**いち早く**取り入れる都市といえば、やはり東京だろう。

見抜く 表からは見えない物事の真実や本質を見とおす
子供がどんなにがんばって隠し事をしても、親はそれを**見抜いて**しまうものです。

よほど かなり／ずいぶん
よほど仕事で疲れたのか、夫は家に帰ってくるなりご飯も食べずに寝てしまった。

戦火を交える 戦争、いくさをする
第二次世界大戦中、日本は多くの国と**戦火を交えた**。

見込み 可能性、将来への望み
「今の学力のままでは第一志望の大学に合格する**見込み**はほとんどない」と担任の先生に言われた。

| 崩壊 | 崩れ、壊れること |
| | 1991年、69年間続いたソビエト連邦が**崩壊**した。 |

口にする	① 言葉に出して言う
	② 食べる
	① 結婚式では縁起の悪い言葉を**口にして**はいけないという慣習があります。
	② 海外旅行では、日常では**口にしない**ような料理に出会う。

| 打ち破る | 攻めて敵を負かす／たたいて壊す |
| | 今年の甲子園では、母校が初出場を果たし、強豪校を**打ち破る**熱戦をくりひろげました。 |

| 刻苦勉励 | とても苦労して、仕事や勉強などを熱心につとめる |
| | 市長に当選した父は、市民が納得する市政の実現に向けて、**刻苦勉励**すると誓った。 |

| 勇断を下す | 勇気を持って決断する |
| | 部長が**勇断を下した**おかげで、難航していた会議にようやく終わりのめどが立った。 |

| 醍醐味 | 物事の本当のおもしろさ |
| | チームプレイの**醍醐味**は、仲間と勝つ喜びや負ける悔しさを共有できる点にあると思います。 |

| 幕を下ろす | 物事を終える |
| | 多くの人々に親しまれてきた近所の動物園が、来年、50年間の営業に**幕を下ろす**といううわさを聞いた。 |

～を皮切りに　～을 시작으로

「～を出発点として…」という意味。

- 東京ドームでのライブを皮切りに、全国のドームで公演が行われるそうだ。
- 新型のゲーム機は、日本を皮切りに、今後、アジア、欧州でも発売されることが決定した。

～一方で　～하는 한편으로

「～一方で、…」の形で使い、「～」と「…」が対照的であることを表す。

- 「ダイエットして、やせるぞ！」と意気込む一方で、ついつい甘いものに手を伸ばしてしまう。
- 兄は頻繁に外出するなど活発な一方で、弟は家にこもってばかりいる。

～からなる　～로 구성된

「～で構成されている／～で集団が作られている」という表現。

- 市民からなるボランティア団体によって、公園の緑化運動が行われている。
- ワールドカップに向けて、監督は国内の各チームのエース選手からなる代表チームを構想している。

～と思いきや…　～라고 생각했었는데 (사실은 ～하지 않다)

「～であると思ったが、実際は…」という表現。思っていたこと(「～」の部分)と、実際(「…」の部分)が反対になる。

- 「まだ、結婚なんて考えられない」と言っていた彼女はプロポーズされてもあっさり断ると思いきや、数日後、来年結婚するなどと言った。
- 最新の機器を取りそろえたジムと聞いたから、よほど会費が高いだろうと思いきや、学生でも余裕を持って払える程度の低料金だった。

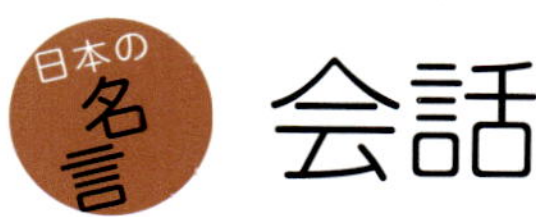

会話 

<休み中> CD2・09

拓哉	何かいいことないかなー。
ジウ	何言ってるの、急に。今だって楽しいじゃない、こんな美人と一緒にいるんだし。
拓哉	ははは……。
ジウ	何、その変な笑い。私とじゃ楽しくないっていうわけ。
拓哉	いやぁ、そんなんじゃないけど。最近バイトばかりで面白いことないんだよなー。どこかに楽しいことないかなー。
ジウ	まったく。世の中は元々つまらないことばかりなの。その中で人生を楽しく暮らしていける秘訣は、自分の心の持ちよう。つまり、心の持ち方次第で、楽しくもなるし、退屈にもなるってこと。
拓哉	へぇ、やっぱり大人だね、ジウは……。俺には真似できないな。
ジウ	そんなことないよ。今の拓哉だって、バイトは面白くないかもしれないけど、そのバイトのおかげで、美味しい物が食べられるし、欲しいものが買えるし、あと、優しくてかわいいジウにプレゼントもできるんでしょ。こんなふうに、何か楽しみを見つけながらバイトしてみればいいんじゃない。
拓哉	なるほどなるほど、確かに納得。最後のプレゼントの話以外はね。
ジウ	もう！ ひどいんだから。

タスク

身近な問題から社会的な問題まで、日常的にさまざまな出来事があります。それらについて考えをめぐらせることによって、解決の方向性が導き出せるでしょう。何人かで、気になるテーマを決め、それぞれの解釈・解決方法について話し合いましょう。またクラス内でも共有し、さらに議論を深めましょう。

ウォームアップ

今までの経験の中で、自分にとって最も失敗したと思う
出来事は何ですか。その原因は何であったと思いました
か。また、反対に、最も成功したと思える出来事につい
てはどうでしょうか。書き出してみましょう。

読む前に

① 渋沢が日本で銀行を拠点とした様々な事業を始めよう
　としたきっかけは何ですか。

② 渋沢はどのような功績を築きましたか。

③ 渋沢はどのような哲学を持っていましたか。

成功や失敗にとらわれず努力し続けた実業家

人生の行路は様々で、時に善人が悪人に敗けたごとく見えることもあるが、長い間の善悪の差別は確然とつくものである。

説明

どのように人生を歩むかは人それぞれである。時に善人が、悪人に負けたように見えることもあるが、人生全体から見れば、その善悪の差ははっきりとつくものである。

渋沢栄一（しぶさわえいいち）（1840〜1931）

明治時代から昭和初期にかけて日本経済や社会の基礎を作った実業家。日本資本主義の父とも呼ばれる。

13

成功や失敗にとらわれず
努力し続けた実業家

CD2・11

● 藍玉
藍(アイ)という植物を発酵させて丸めたもの。染物の色のもとになるもの。

● 尊皇攘夷
天皇を尊び、外国からの敵を国内へ入れないようにすること。

● 倒幕
江戸時代に日本の政府として機能していた幕府を倒すこと。

● 万国博覧会
世界各国からの工業製品・科学機械・美術工芸品などを展示する国際的な博覧会。万博。エキスポ(Exposition)。

● 大蔵省
国家予算の編成、財務・通貨・金融・証券などを担当する国の行政機関。現在は、財務省。

渋沢栄一は1840年に現在の埼玉県で、豪農の長男として生まれた。彼の家は農作物の栽培をするだけではなく、藍玉の製造販売も手がけていた。渋沢自身も14歳の時から、藍玉の原料の買い入れや販売に携わるようになった。青年期には、江戸で血気盛んに尊皇攘夷を掲げて倒幕を計画したりするが、成功はしなかった。

その後、彼は徳川慶喜の臣下となって、27歳の時にパリの万国博覧会の見学や欧州諸国の巡視に加わり、ヨーロッパ諸国の実情を知る。帰国後、政府から要職を与えられ、大蔵省の官僚となり新しい国家の体制作りに関わったが、役人として生涯を過ごすのは彼の望みではなかった。そのため、4年後には辞職して民間事業の発展に尽くしていくのであった。

公務から退いて営利事業の世界に足を踏み入れた彼の行動を見ると、渋沢が「公益」よりも「私利」を優先する人物であったと思うかも知れない。しかし、渋沢はあくまで社会貢献を旨として産業界に飛び込んだのであった。人々に必要とされる事業を行い、利益は社会に還元するというのが彼の主義であった。

1873年に日本で最初の銀行である第一国立銀行を創設した。先述のヨーロッパ視察**の際に**、銀行が金を集め、営利事業を行い、その利益によって民衆が豊かになり、同時に国も豊かになるという近代的な金融システムを目の当たりにした。そして、日本においても銀行を拠点として様々な事業に活用しようと考えた。こうした渋沢の努力は、今日当たり前のように存在している株式会社の創設や育成にも繋がっていったのである。銀行を含め、彼が生涯のうちに携わった営利事業は約500にものぼる。しかも、彼は教育機関や社会貢献事業にも積極的に携わり、手がけた数はおよそ600であった。

　以上のように渋沢の功績をたどってみると成功の連続だったようにも見えるが、周囲の人間達と衝突することや、敵対勢力からの襲撃もあった。しかし、彼はそのような障害にも恐れをなさず、自分を信じ、何事にも誠実に突き進んでいくことが大切だと考えていた。「努力して運命を切り開こうとするのがよい。もし失敗したら、自らの知力が及ばなかったと諦め、成功したら、自らの知恵が活用されたと思い、いずれにしても天命に任せるのが良い」と渋沢は言う。運命というものは天の意思によって定められているものであるが、決して転換が利かないものではないというのが彼の哲学だ。成功や失敗**を問わず**努力し続ければ、天はそのような人のために運命を切り開いてくれるのである。

名言の出典：渋沢栄一『論語と算盤』国書刊行会

読解チェック

Q1 下線部は渋沢のどのような考えに基づくものであるか。「〜という主義」につながる形で答えなさい。

_________________________________という主義

Q2 以下の文章は、渋沢が行ったことに関して書かれたものである。（　）に当てはまる語句を入れ、文章を完成させなさい。

渋沢は、ヨーロッパ視察の時に、（❶　　　　　　　　　）のしくみを見てきた。銀行に集まった金で（❷　　　　　　　　　）を行い、そこから得られた（❸　　　　　　　　　）を国民のために使う。そうすると、人々が豊かになるだけではなく、（❹　　　　　　　　　）自体も豊かになる。「これを日本でもやろう」と考えた渋沢は、（❺　　　　　　　　　）を創設した。それにとどまらず、（❻　　　　　　　　　）などをはじめとして500もの（❷　　　　　　　　　）に携わり、また、教育や（❼　　　　　　　　　）の事業にも取り組んだのであった。

Q3 渋沢は、人の運命、そして成功や失敗についてどのように考えていたか。その内容に最も近いものを一つ選びなさい。

1　運命は、天の意志によって定められたものであり、不変である。
2　成功や失敗にこだわらず努力すれば、運命は自然と確かな方向へ進むのである。
3　努力しても失敗や成功をする。なるようになると考えていかなければならない。
4　転換した運命が、成敗や努力に対する執着を生む可能性もある。

Q4 本文の内容に最も合うものを一つ選びなさい。

1　渋沢家は農作物の栽培から、商売まで幅広く仕事をこなしていた。
2　渋沢の活躍によって倒幕が達成され、良い職に就くことができた。
3　やり手の実業家である渋沢は、誰とでも円満に事業を展開した。
4　努力の甲斐もむなしく、渋沢の功績は今日廃れてしまっている。

- 行路こうろ　　　　　행로
- 善人ぜんにん　　　　선인 (↔悪人あくにん 악인)
- 善悪ぜんあく　　　　선악
- 確然かくぜんと　　　　확연히, 명확히
- 豪農ごうのう　　　　호농, 세력과 재력이 있는 농가
- 農作物のうさくもつ　농작물
　　　　　　　　　　　（＝のうさくぶつ 로도 읽음）
- 栽培さいばい　　　　재배
- 手てがける　　　　　손수 다루다, 직접하다
- 買い入れかいいれ　　매입
- 携たずさわる　　　　종사하다, 관계하다
- 血気けっき盛さかん　혈기왕성
- 臣下しんか　　　　　신하
- 欧州おうしゅう　　　유럽
- 諸国しょこく　　　　제국, 여러 나라
- 巡視じゅんし　　　　순시, 순찰
- 要職ようしょく　　　요직
- 官僚かんりょう　　　관료
- 辞職じしょく　　　　사직
- 尽つくす　　　　　　다하다, 진력하다
- 公務こうむ　　　　　공무
- 退しりぞく　　　　　물러나다
- 営利えいり　　　　　영리

- 足あしを踏み入れるふみいれる
　　　　　　　　　　발을 디디다, 출입하다
- 公益こうえき　　　　공익
- 私利しり　　　　　　사리, 사사로운 이익
- 優先ゆうせんする　　우선하다
- 旨むね　　　　　　　뜻, 취지
- 還元かんげんする　　환원하다
- 先述せんじゅつ　　　전술
- 視察しさつ　　　　　시찰
- 民衆みんしゅう　　　민중
- 拠点きょてん　　　　거점
- 株式かぶしき　　　　주식
- 創設そうせつ　　　　창설
- 育成いくせい　　　　육성
- 繋つながる　　　　　연결되다, 관련되다
- たどる　　　　　　　길을 따라가다, 더듬어 가다
- 襲撃しゅうげき　　　습격
- 突き進むつきすすむ　돌진하다
- 切り開くきりひらく　열다, 개척하다
- 天命てんめい　　　　천명
- 天てん　　　　　　　하늘
- 転換てんかん　　　　전환
- 利きく　　　　　　　가능하다, 통하다

 語彙・表現を深める

確然と
区別がはっきりしている様子
賞を獲得したあの作品は、他のものと**確然**（かくぜん）とした差があったとテレビで言っていた。

豪農
金持ちで力のある農家
豪農（ごうのう）は江戸時代から明治時代初期（しょき）まで存在しました。

手がける
自分(の所)で扱う
私の兄の会社は、自動車や金融など様々な事業を**手**（て）**がけ**ている。

買い入れ
販売や加工のために、品物や原料を買って手に入れること
祖父の代からずっと、商品の**買**（か）**い入れ**から販売までを行う酒屋（さかや）を営んでいる。

携わる
ある物事にかかわる／関係する
福祉に**携**（たずさ）**わる**仕事をしたいと思い、介護士の道を選びました。

欧州
ヨーロッパのこと
最近、**欧州**（おうしゅう）のチームで活躍するアジア出身のサッカー選手が増えている。

尽くす
精一杯努力する／他のもののために努力する
オードリー・ヘップバーンは晩年、ユニセフ親善大使に就任し、貧しい人々のために**尽**（つ）**くし**た。

退く
それまでの仕事や、地位、役職をやめる
鈴木市長は今期で市長の職を**退**（しりぞ）**き**、衆議院（しゅうぎいん）選挙に出馬（しゅつば）する意向を示した。

旨
物事の中心となること／重要なこと
工事現場では安全第一を**旨**（むね）として作業に取り組まなければなりません。

拠点	仕事や活動をするための中心となる場所 定年後は生活の**拠点**（きょてん）をハワイに移し、のんびり暮らしたい。
たどる	何かに沿ってさかのぼる／記録や記憶に沿って確かめる 記憶を**たどって**みても、どこで自転車の鍵を無くしたのかさっぱり思い出せなかった。
襲撃	突然、敵を攻撃すること／いきなり敵をおそうこと 敵からの**襲撃**（しゅうげき）による被害を抑えるために、今から**防護壁**（ぼうごへき）を作っておく。
突き進む	まっすぐにどんどん進む 新人警官の中でも彼は、事件の真相解明に向けて**突き進み**（つすす）、最も正義感が強い人である。
切り開く	人生や将来の進むべき道を新しくつくる 占いによって、よりよい人生を**切り開く**（きひら）ためのヒントを得ようとする人もいる。
利く	できる／可能である 40代を過ぎてから急に体が疲れやすくなり、無理が**利か**（き）なくなった。

～ごとく ～와 같이

「～ように」と意味と用法は同じ。やや古い表現。

- 彼が言う**ごとく**、銀行の金利が上昇した。
- 20年ぶりに通っていた小学校を訪れたら、当然の**ごとく**思い出がよみがえってきた。

～から見れば／～から見ると ～의 입장에서 보면

「～という立場や視点に立って、物事を見ると」という意味。

- 今日の日本語でのディスカッションはよく出来たと自分では思うが、ネイティブの人**から見れば**、僕の日本語力はまだ十分ではなさそうだ。
- 文化を社会学**から見ると**、人類学とはまた違った様相を導きだせるのかもしれない。

～の際／～の際に(は) ～할 때/～할 때에(는), ～할 때는

「～するとき(に／は)」ということを表す。日常会話よりも改まった場面で使われることが多い。

- こちらの資料に、マイホーム購入**の際**のポイントがいくつか書かれていますので参考にしてはどうでしょうか。
- 来月の検定試験**の際には**、身分証明書が必要となりますので、忘れずに持ってきてください。

～を問わず ～에 관계없이, ～을 가리지 않고

「～を問題にしないで」「～に関係なく」ということを表す。

- 昼夜（ちゅうや）**を問わず**働かされたため、体調を崩し、入院することになってしまった。
- 最近発売されたカラーバリエーション豊かなノートパソコンは、男女**を問わず**とても人気があります。

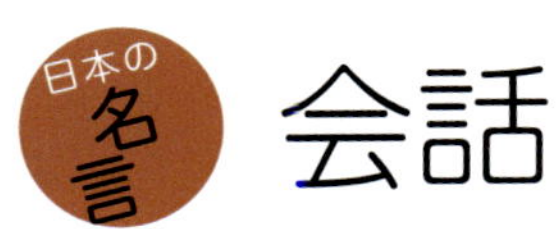

会話

ヨンハ　先輩はそろそろ就職活動ですか。

ジウ　もうしてるよ。最近は、いろんな業種（ぎょうしゅ）の会社説明会とかセミナーに参加して、どこにするか考え中。

ヨンハ　ふーん、もう結構絞れてきましたか。

ジウ　そうだね。希望としては、本や旅行が好きだから、出版社とか、旅行会社とかなんだけど、こう色々見てくると、好きって思ってるだけじゃ仕事は難しいなって思うね。

ヨンハ　そうなんですか。でも、努力で何とかなるってこともあると思いますけど。

ジウ　やっぱり、それは甘いんじゃない？　色んな苦労や、自分の成果がどれだけ認められるか、総合的に考えて決めていかなくちゃ。

ヨンハ　あー、難しいですね。人生の歩み方は人それぞれですから、僕が何か言えた義理じゃないんですけど、どんなことがあっても、自分がこうしていきたい、と思って努力していけば、最終的には良かったってことになるんじゃないかな。途中では、成功や失敗もあるけれど、悔（く）いを残さずに済むでしょうし。

ジウ　そっか、そういう考え方もあるね。就活中だと、どうもマイナス思考になって、自分の本心より早く終わらないかなって考えちゃうんだよね。

ヨンハ　これからですよ！　頑張ってください！

タスク

将来の夢や希望はありますか。それを叶えるために、現在努力していることは何ですか。就職だけにとどまらず、成し遂げたい大きな目標でも構いません。それぞれ出し合って、お互いの目指していることを知り、良いところ・不足しているところなど、アドバイスをしてみましょう。

ウォームアップ

名言を読んでみましょう。どのような意味だと思います
か。自由に考えてみましょう。そして、グループで話し
合いましょう。

読む前に

① 小津の作品の特徴は何ですか。

② 小津はどのように自分の映画作りの方法を確立させま
　　したか。

③ 小津は映画でどのようなモチーフを表現しましたか。

小津安二郎（おづやすじろう）（1903〜1963）

映画監督。日本の家庭生活を描き続けて数々の名作を生み出した。代表作『東京物語』『生れては見たけれど』『晩春』『麦秋』など。

映画

自分のスタイルに従う映画作り

なんでもないことは流行に従う、重大なことは道徳に従う、芸術のことは自分に従う。

14

自分のスタイルに従う映画作り

CD2・14

● オマージュ
尊敬すること。特に、偉大な作家への敬意を込めて、その作家の作品を模倣したり、モチーフとして自分の作品に取り入れたりする場合に使う。

● サイレント(映画)
無声映画(フィルムに音声情報が入っていない映画)のこと。

● 太平洋戦争
第二次世界大戦のうち、アジア・太平洋地域で行われた戦争。

● セットでの撮影
屋内に撮影所に実物を再現した家や町並みを作り、撮影すること。

● コンテ
絵コンテ(映画・テレビドラマを作るときに、画面構成を絵に描き、映像の流れが分かるようにしたもの)のこと。

● トーキー
音声の出る映画。

　海外で知られた日本人の映画監督は数多くいるが、中でも小津安二郎は、黒澤明と並んで特別な地位を占めている。特にヨーロッパでは小津の人気が高く、たとえば西ドイツ生まれの映画監督ヴィム・ヴェンダースは、『東京画』と銘打った小津へのオマージュと言える作品を制作している。

　カメラをローアングルに構えてほとんど移動させず、登場人物のスローテンポな会話で進行していく映画は、今観れば少し退屈ではあるが、監督の強い美意識に裏打ちされたものである。こうした独特の画面は、実はサイレント映画時代の経験をもって作られている。1903年生まれの小津が最も多く映画を撮った時期は、太平洋戦争前の1920〜30年代であった。この時期は多くのフィルムがサイレントであり、セットでの撮影だった。したがって、撮影前に緻密なコンテを作り、それに従って緊密な画面を撮っていくというやり方は彼の骨身にしみていた。

　小津自身は、❶こうした自分の方法に即してやっていくことから抜け出そうとトーキーに挑戦しながら、失敗を繰り返している。しかし２度の戦場体験を経て、戦後は自らの方法を洗練させていった。そして、『東京物語』(1953)という映画史に残る傑作を生み出したのだった。

　また小津がいつも決まって描くのは、子供の成長や結婚、親との死別といった❷「家族の変遷と崩壊」のモチーフである。ここには社会にモダニズムが浸透し始めた大正時代から、それが崩れる戦前・戦後へと、日本の家族を取り巻く風景が移り変わって行く様子を観て取ることができる。

　小津は自分の映画作りを、「自分は豆腐屋だから、変わったもの
は作ろうにも作ることはできない。うまい豆腐を作ることだけで
精一杯だ」という具合に表現するが、それをより積極的に表したの
が、「なんでもないことは流行に従う、重大なことは道徳に従う、
芸術のことは自分に従う」という言葉だ。「芸術のことは自分に従う」
という、とても簡潔だが、それだけにいっそう強烈な一言は、小津
映画の際立った個性の秘密を私たちに教えてくれている。

名言の出典：千葉伸夫『小津安二郎と20世紀』国書刊行会

● **モダニズム**
(modernism)
現代的で新しい感覚・
流行を好む傾向。

● **大正時代**
大正天皇が即位してい
た1912年7月30日〜
1926年12月25日の期
間を指す時代区分。

Q1　❶「こうした自分の方法」が生み出されるまでの経緯やその特徴について、以下の文章を完成させなさい。

小津が最も多くの映画を撮った1920〜30年代は、ほとんどの映画が（❶　　　　　）であり、緻密な（❷　　　　　）に従って（❸　　　　　）で撮影するものであった。この方法は、小津の骨身に染み、独特の映画を作らせた。彼の作品は、（❹　　　　　）位置から撮影し、（❺　　　　　）をほとんど動かさないという方法と、登場人物のスローテンポな会話が特徴的である。

Q2　小津が描いた、❷「家族の変遷と崩壊」をモチーフにした作品からは、何が観て取れるのか、50字程度で説明しなさい。

Q3　本文の内容に合致するものを一つ選びなさい。

1　小津は、映画での臨場感を重要視したため、常に現場に赴き、野外の撮影を行った。

2　小津を敬愛し影響を受けた映画監督は、日本だけにとどまらず、世界的に広がっている。

3　小津の作品からは、常に変わらない日本の家族や原風景を見出すことができる。

4　小津は、独自のスタイルを持たず、常に変わったものを探し、変化し続けた。

語彙・表現ボックス

● 銘打_{めいうつ}	이름을 붙이다, 명목을 내걸다	
● 構_{かま}える	차리다, 자세를 취하다	
● 進行_{しんこう}する	진행하다	
● 裏打_{うらうち}	뒷받침	
● 緻密_{ちみつ}	치밀함	
● 緊密_{きんみつ}	긴밀함	
● 画面_{がめん}	화면	
● 骨身_{ほねみ}	뼈와 살, 전신	
● しみる	번지다, 스며들다	
● 抜け出す_{ぬけだす}	빠져 나가다	

● 戦場_{せんじょう}	전장
● 洗練_{せんれん}する	세련되다
● 生み出す_{うみだす}	만들어 내다, 낳다
● 死別_{しべつ}	사별
● 変遷_{へんせん}	변천
● 浸透_{しんとう}する	침투하다
● 取り巻く_{とりまく}	둘러싸다
● 簡潔_{かんけつ}	간결함
● 強烈_{きょうれつ}	강렬함
● 際立_{きわだつ}	눈에 띄다

 # 語彙・表現を深める

銘打つ　名前をつける
「レベルアップ大作戦」と**銘打**った塾のチラシを見て、受験生時代の苦労を思い出した。

裏打ち　物事を、何か別のものによって確実にすること
わが社の社員は、みな経験に**裏打ち**された技術をもっております。

骨身　骨と肉／からだの全体
私は、市民のために**骨身**になって働く警察官や消防士にあこがれる。

抜け出す　今の場所や状態から出て行く
停滞し続けていた状態から、ようやく**抜け出す**手立てが見つかった。

洗練する　人柄や仕事などを、努力によって素晴らしいものにする
洗練された芸術作品に触れると、心が落ち着いてくる。

取り巻く　まわりを囲む
我々を**取り巻く**環境は、今後も悪化し続けるのだろうか。

際立つ　他のものとの差が目立つ
多くの人がいる中でも、才能を持っている人というのは**際立**って見えるものだ。

～をもって　　～로, ～에

「～によって」の意味で、手段・材料や原因・理由を表す。また、時を表して「～に」の意味で用いる場合もある。

- 留学した時、誰にも頼らず1人で生活していくことの難しさを、身をもって感じた。
- 来週までに、書面をもってご回答いたします。
- 本日は、午後6時をもって閉店させていただきます。

～に即して　　～에 입각하여

「～に沿って」「～に従って」という意味。

- 今日の登山は危険が伴うので、必ずスケジュールに即して行動してください。
- 子供の成長に即して、どんな教育をすればよいのかを考えていきたい。

～ようにも…ない　　～하려고 해도 …지 않다

あることをしようと思っても、それを妨げるものがあってできないことを表す。

- 大好きなせんべいを食べようにも、歯が痛くて食べることができない。
- あのレストランは人気が高く、予約しようにも、電話さえつながらないのです。

～だけに　　～한 만큼

「～という理由があるから、普通以上に…」ということを表す。

- この歌詞は、私の今の恋愛状況に当てはまるだけに、心に訴えかけてくるものがある。
- 眼鏡を無くしてしまった。気に入っていたし、買ったばかりだっただけに、ショックは大きかった。

 会話 

<研究室で先生に研究内容の報告をしていて……> CD2・15

ジウ　これまで、映画を通して見られる日本人の生活について考えてきましたが、主に90年代以降の作品に着目しています。

先生　そうですか。もう少し、範囲を広げていこうとは考えていませんか。

ジウ　んー……、もう少し、20世紀半ば、戦争を境にした辺りの作品も見ていけたらと思っています。小津安二郎なんか……。

先生　あ、小津安二郎も知ってましたか！　戦前戦後の映画で、生活文化を見られるのは小津作品ですね。

ジウ　まだ見たことは無いのですが、後輩から、小津安二郎の言葉を教えてもらって、それ以来、生活の様子を知るだけでなく、作品そのものにも興味を持ち始めました。

先生　え、どんな言葉ですか。

ジウ　「なんでもないことは流行に従う、重大なことは道徳に従う、芸術のことは自分に従う」というものです。映画という芸術作品には、監督自身の意志が込められているんだと思うと、映画にあらわれる生活について知るだけでなく、映画についてもっと奥深くまで知りたくなったんです。

先生　いいことだと思います。是非、作品を楽しみながら研究を進めていってくださいね。

ジウ　はい。

タスク

小津は「なんでもないことは流行に従う、重大なことは道徳に従う、芸術の
ことは自分に従う」という言葉を残し、芸術が自分の持ち味であり、ゆずれ
ない大切な分野であると述べていますが、皆さんの場合ではどうでしょう
か。自分の場合に置き換えて考え、下のカッコに入れてみましょう。
例）「バスケットボールのことは自分に従う」、「食のことは自分に従う」など

（　　　　　　　　　　　　　　　　　　　　　　　　）のことは自分に従う。

そして、その説明も加えながら、クラスで発表しましょう。

名言を読んでみましょう。「好奇心」「知る喜び」を感じた
ことがありますか。また、あなたは今何を学んでいます
か。何のために学び続けていると思いますか。隣の人と
話し合いましょう。

読む前に

この文章には、好奇心が低くなっている日本社会への筆
者の考え方、主人公の平賀と漫画を通して伝えられるメ
ッセージが書かれています。それらに注目して読んで見
ましょう。

① 1990年代の「学級崩壊、授業崩壊」といった問題の原
　　因を筆者はどう考えていますか。

②「大学全入時代」は子供にどんな問題を起こすと懸念し
　　ていますか。

③ 平賀はどんなキャラクターですか。

④ この漫画から筆者はどんなメッセージを感じています
　　か。

好奇心を持つことの大切さ

人間は一生、学び続けるべきです。人間には好奇心、知る喜びがある。肩書きや、出世して大臣になるために、学ぶのではないのです。では、なぜ、学びつづけるのでしょう？

それが人間の使命だからです。

―平賀・キートン・太一（『MASTERキートン』より）―

浦沢直樹（1960〜）

漫画家。近年の主な作品は、『MONSTER』や『20世紀少年』。多くの漫画賞を受賞している。

15

好奇心を持つことの大切さ

● **コミックス**
漫画本のこと。

● **保険調査員**
保険金の支払い適否や、支払保険金額の査定に必要な事実関係などを確認する職員。

平賀・キートン・太一は『MASTERキートン』という漫画の主人公である。『MASTERキートン』は、『YAWARA!』、『Happy!』、『MONSTER』などのヒット作でコミックス売り上げが累計1億部を超えるという人気漫画家、浦沢直樹の作品である。物語は、主人公の平賀・キートン・太一が、「非常勤考古学者兼保険調査員」という妙な肩書きで、様々なトラブルを解決してゆくというものである。そのストーリーは、学問的な関心に**基づいて**構成されていることが多く、世界の国々の様々な社会問題が取り上げられるし、また考古学的な知識もふんだんに盛り込まれている。そして主人公は、学問に対する純粋で積極的な関心を常に示し続ける。

ところで、❶日本の社会では学問に対する好奇心が低くなっているように思われる。1990年代から「学級崩壊」、「授業崩壊」といった言葉がニュースで取り上げられるほど、学校のシステムにほころびが出てきている。生徒が教師の言うことを聞かず、授業が成立しないという想像し**がたい**ことが起きているのである。子供のしつけの問題か教師の資質の問題かという視点で論じられることが多いが、根本的には学びへの好奇心が落ちているということなのではないだろうか。日本では1974年に高校への進学率が90％を越え、それ以降高い水準を維持している。また2007年には統計上、入学志願者と生徒募集の総数がほぼ同じになる「大学全入時代」に突入した。もはや学校は、誰でもみんな行けるし、行かなければならない場所となってしまった。人間というものはわがままなもので、勉強するなと言われるとしたくなり、勉強しろと言われるとやる気がなくなってしまう。学校へ行くのが当たり前になってしまったこと

が、むしろ、子供たちの好奇心を奪っているのではないだろうか。

　『MASTERキートン』が日本でヒットした背景には、こういった日本の社会状況が関わっているのかも知れない。主人公の平賀・キートン・太一は、考古学者になることを目指して努力している。漫画の中では、あらゆることに楽しみを見出しながら好奇心を持ち続けるキャラクターとして描かれている。浜辺に落ちている貝殻の飾りから昔の人の生活を想像したり、遺跡から出土した木工品（もっこうひん）を見てその使い方を想像したりというふうに、本来学問というのは好奇心に満ちたワクワクドキドキするものである。❷そのことが漫画を通じて読者に伝わってくる。いくら押し付けられた勉強がつまらなかったとしても、学問の本当のおもしろさは伝わるはずだというメッセージが感じられる。「好奇心は大事なんだよ」と語りかけてくるかのような彼のセリフに、我々は感動してしまうのだ。

　　　　名言の出典：勝鹿北星（かつしかほくせいさく）作・浦沢直樹画（が）『MASTERキートン』小学館（しょうがくかん）

Q1 ❶「日本の社会では学問に対する好奇心が低くなっているように思われる」とあるが、筆者がこのような考えを持つ原因は何か。以下の文章の(　)に適切な語彙を入れ、原因についてまとめなさい。

・ 授業が成立しない(❶　　　　　　　　)や(❷　　　　　　　　)などといった問題が起こり、学校のシステムにほころびが生じていること。

・ 学校が(❸　　　　　　　　　　　　　　)になってしまった。そのような状況では、勉強を強制されると(❹　　　　　　　)、勉強しないでいいと言われると、(❺　　　　　　　)しまうこと。

Q2 ❷「そのこと」は何を指しているか。具体的に答えなさい。

Q3 本文の内容に合うものを一つ選びなさい。

1　学問の重要性をいう主人公は、考古学者という地位を得るための手段として学問を捉えている。

2　「大学全入時代」となり、日本では全員が大学に進学することになった。

3　主人公は、考古学者でありながら、まだそれを本職に出来ず保険調査員の仕事もしている。

4　日本の教育システムは完全に崩壊し、それは子供のしつけや教師の責任が最大の原因だといえる。

語彙・表現ボックス

- 好奇心こうきしん　　　호기심
- 肩書かたがき　　　직함, 지위
- 出世しゅっせする　　　출세하다
- 累計るいけい　　　누계
- 非常勤ひじょうきん　　　비상근
- 考古学こうこがく　　　고고학
- ～兼けん　　　～겸
- 盛り込むもりこむ　　　담다, 넣다
- ほころび　　　타짐, 뜯어진 곳
- しつけ　　　예절 교육
- 視点してん　　　시점
- 根本的こんぽんてき　　　근본적

- 総数そうすう　　　총수
- 突入とつにゅうする　　　돌입하다
- もはや　　　벌써, 이미
- 背景はいけい　　　배경
- 見出みいだす　　　찾아내다, 발견하다
- 貝殻かいがら　　　조개껍데기
- 遺跡いせき　　　유적
- 出土しゅつどする　　　출토되다
- 木工品もっこうひん　　　목공품
- 読者どくしゃ　　　독자
- 押し付けるおしつける　　　밀어붙이다, 누르다
- 語かたりかける　　　말을 걸다

語彙・表現を深める 

肩書き	社会的身分や地位を表す役職・職名 あの人は良い**肩書き**を持っているのに仕事が出来ないと思うことがある。
非常勤	常勤でないこと／限られた日・時間・期間だけ働くこと 正社員にはなれなかったが、春から**非常勤**として働けることになった。
〜兼…	〜と…を持ち合わせていること 自宅**兼**アトリエであるこの家が、彼の活動の拠点である。
ほころび	糸がほどけたり、取れかけたりすること／制度や組織が崩れていくこと セーターの**ほころび**が、いつの間にか大きな穴になっていた。
しつけ	礼儀作法などを教えて身につけさせること ペットの**しつけ**は小さいときからしたほうがいい。
もはや	もう／すでに(「もはや〜ない」の形で使われることが多い) コンピューターウィルスに感染してしまうと、**もはや**打つ手はない。
押し付ける	仕事や責任を無理に人に負わせる 上司が部下に仕事を**押し付けて**、さっさと帰宅してしまった。
語りかける	思っていることを順序立てて相手に話す 落ち込んでいた僕に先生が優しく**語りかけて**くれた。

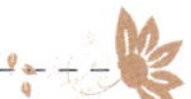

重要文法

～べきだ　〜해야 한다

「〜したほうが良い」「〜しなければならない」の意味。

- 家族が病気になったと聞いたら、すぐにでも駆けつけてあげる**べきだ**。
- 今までに多くの賞をとったんだから、芸術家になる**べきだ**と思うよ。

～に基づいて　〜에 기초하여

「〜を基礎・材料とした上で」ということを表す。

- 先行研究**に基づいて**、もう少しこの文法の意味・使い方について述べていきます。
- ドキュメンタリーのような、事実**に基づいて**作られた映画が私は好きです。

～がたい　〜하기 어렵다

「〜することが難しい／困難である」ということを表す。

- いじめられていた時は、耐え**がたい**苦痛を常に味わっているような感じだった。
- あんなにいがみ合っていた二人が結婚することになったなんて考え**がたい**ことだ。

～上(は／も)　〜상, 〜면에서 보면

漢語名詞について、「〜に基づくと」「〜をする上では」「〜の観点から見ると」という意味を表す。

- 理論**上**、そのような計算結果になることはあり得ません。どこかでミスしたのではないでしょうか。
- あのような低俗な番組を子供に見せるのは、教育**上**、良くないという意見が多い。

 会話 

<金曜日の授業が終わって……> CD2・18

ヨンハ　あのさ、土曜日って暇？

彩　　　ん？　なに？

ヨンハ　知り合いに美術館のチケットもらってさ。ルノワールの作品展、行かない？

彩　　　ホント!?　それ、前からすごく行きたかったんだー。

ヨンハ　じゃ、良かった。僕、あんまり美術に詳しくないから、よく分かんなくって。

彩　　　その作品展は、ルノワールの絵画と、映画監督をしていた息子の映画とを対比しながら、二人の共通点を明らかにしていくものって、テレビで言ってたよ。

ヨンハ　へぇ、そうなんだ。

彩　　　何？　全然興味ないって顔して。

ヨンハ　特に僕には関係なさそうだし……。もともと趣味でもないし、そんなに行きたいわけでもないんだよね。

彩　　　はぁ。こういうのを見れば、何かしら得られるものがあると思うよ。

ヨンハ　芸術鑑賞って苦手。

彩　　　人間は学び続けることが使命！　せっかく感動したり、好奇心がそそられたりする感情を持っているんだから。美術館行って、心が動かされることは、それだけでもいいことなんだから。ヨンハも行こうよ！

ヨンハ　いつになく真面目なこというね……分かった。ここは彩の熱意に負けました。行くよ、僕も。

「学校」や「勉強・学習」を取り巻く環境は日々変化していると感じていませんか。また、自分が小学生や中学生だった頃と、現在のその年頃の子供たちを見て、変わったことはありませんか。そのような変化について考えていきましょう。以下の二つの課題のうち、どちらかについてまとめ、クラスで話し合ってみましょう。

課題1：学校という場の変化

小学校・中学校・高校・大学と、今まで歩んできたことと思います。自分が歩んできた道と、現在の子供たちが歩んでいる道とに違いはあるでしょうか。相違点を調べたり、比較してみたりしましょう。また、それについて、過去が良かったか、現在が良いかなど、意見をまとめましょう。

課題2：子供たちの変化

時代によって、大人になる前の世代の人たちには、それぞれ特徴があるでしょう。その変化について、人に聞いたり、調べてみたりしましょう。たとえば、親の世代・自分の世代・弟や妹の世代など、幅広く考え、そこから変化や変わらない点などを見つけ、まとめましょう。

ウォームアップ

名言とその簡単な説明を読んでみましょう。この言葉は
歌の歌詞です。どんな意味なのか自由に考えてみましょ
う。この歌詞の作者が感じたこの気持ちが分かります
か。あなたもこんな気持ちになったことがありますか。
隣の人と話し合ってみましょう。

読む前に

この本文の内容は、Mr.Childrenの活動の歴史と、「口笛」
という歌に関する話に大きく分けられます。そこに注目
して読んでみましょう。

① Mr.Childrenの活動について、作品ごとに、キーワー
　　ドを抜き出しましょう。

　　・「CROSS ROAD」：例 ミリオンセラー、まだ世に知
　　　　　　　　　　　　　　られていない

　　・「innocent world」：

　　・「DISCOVERY」：

② 「口笛」の歌詞の作者がこの言葉でうまく表現したのは
　　何ですか。

　　(　　　　　　　　　　　　　　　　　　　　)が変わる様子

日本のポップミュージックをリードするロックバンド

いつもは素通りしてたベンチに座り　見渡せば
よどんだ街の景色さえ　ごらん　愛しさに満ちてる

—Mr.Children『口笛』より—

説明

いつもは気に留めることもなく通り過ぎていたベンチに座って、あたりを見渡してみれば、さえないと思っていたこの街の景色にも愛しいところがたくさんあることに気がつくものだ。

Mr. Children(Vo. 桜井和寿（さくらいかずとし）、G. 田原健一（たはらけんいち）、B. 中川敬輔（なかがわけいすけ）、D. 鈴木英哉（すずきひでや）)

ロックバンドの一つ。有名な楽曲を数多く発表し、人気も高い。代表作は『シーソーゲーム〜勇敢な恋の歌〜』、『名も無き詩』など。

16

日本のポップミュージックを
リードするロックバンド

CD2・20

● **オルゴール**
機械仕掛けにより、自動で音楽を演奏する装置。

● **ミスチル**
Mr. Childrenの略称。

　Mr. Childrenは、日本で人気のロックバンドの一つです。ボーカルの桜井和寿が率いる4人で構成されています。浮き沈みのない創作活動を続けており、デビューして16年が経過しますが、新曲を発表すると必ずヒットチャートの上位に登場してきます。

　ちょっと哲学的な凝った歌詞を、オルゴールの曲にでもなりそうな柔らかなメロディーにのせて歌うことで多くのファンを魅了してきました。日本では、CDを出して100万枚売れると「ミリオンセラー」だといって、持ち上げる習わしがあります。『CROSS ROAD』が完成した時、桜井は「100万枚売れる曲ができた」と叫んだといわれています。事実、この作品は口コミでじわじわ売れ、100万枚を達成しますが、この時点では、彼らの名はあまり世に知られませんでした。

　彼らを有名にしたのはなんといっても、その次の作品の『innocent world』です。これが爆発的なヒットを飛ばし、日本のポップミュージック界で最も権威のある「レコード大賞」を受賞します。これを皮切りに、その後はとんとん拍子、出す曲出す曲大ヒットで、「ミスチル現象」が巻き起こり、ドキュメンタリー映画がつくられたほどでした。メッセージ性の強い歌詞の曲を発表したり、阪神大震災にCDの売上金を寄付するといったチャリティー活動に積極的だったりしたこともあり、彼らは皮肉の込められた「社会派」と呼ばれていました。1997年、あまりに周囲から期待されたのが重荷であったか、怒濤の日々に疲れたのか、突如の活動休止宣言が発表されました。誰も予想だにしなかった活動休止発表とあって、ファンは動揺しましたが、1年半後には復帰し、現在に至るまで順調に活動を続けています。

　復帰第一作のアルバム『DISCOVERY』は、全体として暗く重い調子の作品集でした。人々は彼らの復帰を喜ぶ**反面**、これらの曲からプラスのメッセージを読み取ることができずに戸惑っただろうと思います。

　しかし、そんな戸惑いや不安を吹き飛ばすような曲がやがて発表されます。明るいキーボードの音色が響く『口笛』です。「いつも素通りしてたベンチに座り　見渡せば　よどんだ街の景色**さえ**　ごらん愛しさに満ちてる」という歌詞は、その『口笛』の一節ですが、人生のあるふとした瞬間にぱっと世界の見え方が変わる様子をうまく言い当てています。暗い気分で眺めれば、ディズニーランドだって暗くなり、明るい気分で眺めれば廃墟だって明るくなります。凡庸なつまらない風景が、ベンチに座って見渡すと、こんなにも愛おしく美しい景観に反転する。そんな歌中の主人公の驚きが聴く人の胸を打ちます。

　日常の些細な喜びを歌詞にして歌う、新たな活路を開いたMr. Childrenは今日も日本のポップミュージックをリードし続けています。

　　　　　　　　　　　名言の出典：Mr. Children『口笛』トイズファクトリー

読解チェック

Q1 Mr. Childrenは、なぜ「社会派」と呼ばれたのか、答えなさい。

Q2 Mr. Childrenが多くのファンを魅了する理由として考えられる最も適切なものを、以下の選択肢から一つ選びなさい。

1 哲学的で凝ったメッセージ性の強い歌詞
2 軽快なリズムとにぎやかなメロディー
3 メンバーの優れた容姿
4 100万枚売れるという自信

Q3 Mr. Childrenの活動休止・再開の際の、ファンの反応についてまとめなさい。

・活動を休止したとき：

・活動を再開したとき：

語彙・表現ボックス

• 素通すどぉりする	그대로 지나가다	• 寄付きふする	기부하다
• 見渡みわたす	멀리까지 널리 바라보다	• 重荷おもに	무거운 짐, 부담
• よどむ	생기가 없어지다, 침체하다	• 怒涛どとう	노도, 거세게 치는 파도
• 愛ぃとしさ	귀여움, 사랑스러움	• 突如とつじょ	갑자기, 별안간
• 率ひきいる	거느리다, 인솔하다	• 休止きゅうし	휴지, 중지
• 浮き沈みうきしずみ	떴다 가라앉았다 함	• 動揺どうようする	동요하다
• 経過けいかする	경과하다	• 復帰ふっきする	복귀하다
• 上位じょうい	상위	• 読み取るよみとる	읽어내다
• 凝こる	공들이다, 정교하다, 열중하다	• 戸惑とまどう	당황하다, 망설이다
• 歌詞かし	가사	• 吹き飛ばすふきとばす	날려 버리다
• 魅了みりょうする	매료하다	• 言い当てるいいあてる	알아맞히다
• 習ならわし	습관	• 廃墟はいきょ	폐허
• 口くちコミ	입소문	• 凡庸ぼんよう	평범함
• じわじわ	천천히, 조금씩	• 愛ぃとおしい	귀엽다, 사랑스럽다
• 権威けんい	권위	• 反転はんてんする	반전하다
• 大賞たいしょう	대상	• 驚おどろき	놀람
• 受賞じゅしょうする	수상하다	• 胸むねを打ぅつ	가슴을 두드리다, 감동시키다
• とんとん拍子びょうし	순조롭게 나아감, 척척 진행됨	• 些細ささい	사소함
• 巻き起こるまきおこる	갑자기 발생하다, 돌연 붐이 일어나다		

語彙・表現を深める

素通りする　何にも気づかずに前を通る
昨日、先生とすれ違ったとき、挨拶もせずに**素通り**してしまった。

よどむ　水や空気の流れがとまって、動きの悪い状態になる
よどんだ空気を一新するために、教室の窓を全開にしました。

愛しさ　愛する物や人に対する思い
子供に対する**愛しさ**は、時に、憎しみに変わることもあります。

率いる　先頭にたって、大勢の人を連れて行く
先週、生徒を**率いて**修学旅行へ行ってきました。

浮き沈み　浮いたり沈んだりすること／良くなったり悪くなったりすること
私の野球チームは、毎年、大会で優勝したり、最下位になったりと、**浮き沈み**が激しい。

凝る　細かいところまでいろいろと工夫をする
細部まで**凝った**作りのフィギュアには、芸術的な価値もあります。

習わし　昔からの習慣
日本では、引っ越しをした後にそばを食べる**習わし**があります。

口コミ　うわさのうち、口づてで広がるもの。「口頭でのコミュニケーション」の略。
最近の消費者は、テレビCMや新聞広告よりも、**口コミ**によってひろまった情報を参考にしている。

じわじわ(と)　少しずつ物事が進む様子
昨日、虫歯を治療したが、今朝から、またじわじわと痛みが出てきた。

とんとん拍子　物事が思い通りに進むこと
社長は、新しい取引先との契約が**とんとん拍子**に進み、とても機嫌が良い。

巻き起こる	突然激しい物事が起こる アイドルが舞台に現れると、会場から拍手が**巻き起**こった。
重荷	重い荷物／重い負担 両親の期待が私にとっては**重荷**である。
怒涛	荒れ狂う大波 新しくオープンするデパートの前に並んでいた人たちは、開店と同時に**怒涛**のように店内に押し寄せました。
突如	突然／急に起こる様子 医師が注射を打ったとたん、**突如**として、患者の様態が悪化した。
戸惑う	どうすればよいか分からなくなる 友達が突然、妊娠の相談をしてきたので、どうアドバイスして良いのか分からず、**戸惑**った。
吹き飛ばす	風が吹いてそこにあるものを飛ばす 風で、帽子が**吹き飛**ばされてしまいました。
言い当てる	事実を正確に指摘する 親友は、私が何も言わなくても、いつも私の気持ちを**言い当てる**ことができます。
愛おしい	愛しく思う態度 父は生まれたばかりの娘が**愛おし**くてしかたがないようです。
胸を打つ	感動させること 結婚式で、上司の心温まるスピーチに**胸を打**たれました。
些細な	細かな／小さな **些細**なことを気にしていては、長生きできません。

～だに　　～조차

「～さえ」「～すら」に相当するやや古い表現。「～だに…ない」のように否定ととともに使われることが多い。

- あんな見通しの良い道路で事故をしてしまうなんて、誰も予想だにしなかった。
- 彼は黙り込んで微動だにしなかったが、彼女が近づくと力が抜けたように倒れ掛かった。

～とあって　　～하는 상황이라서

「～という事態にあるので」という意味で、ある状態にいることが原因・理由となることを表す。

- もうすぐ新学期が始まるとあって、期待と不安で胸がいっぱいだ。
- 近いうちに化石燃料が無くなるとあって、新たな燃料の開発が急がれている。

～反面　　～한 반면

「A反面、B」の形で、ある事柄について、AとBという対照的な側面があることを表す。

- インターネットは世界中の人とつながることができる反面、犯罪やウイルスなど多くの危険をはらんでいる。
- 息子が大学を卒業し、嬉しい反面、自分から巣立っていくような気がして寂しくなった。

～さえ／～でさえも　　～조차/～조차도

極端な例を取り上げて、「他のものは当然である」ということを表す。

- ここのところ、天気予報が当たらないことが多い。明日の天気さえ当てられないとなると、見ても見なくても同じだ。
- 最近は、不況で大手企業でさえも倒産してしまう。

<ライブへの誘い> CD2・21

ジゥ	あのさー、今度のミスチルのライブなんだけど……。
彩	どうしたんですか。
ジゥ	あのね、拓哉を誘っていこうと思ったんだけど、拓哉は音楽とか興味ないっていうから。彩、一緒にいかない？
彩	そうなんですか、いいですよ、私ファンですし。チケットあるんですか。
ジゥ	それがね、これからなの。
彩	人気グループのチケットをとるのは難しいですから手に入るかわかりませんね。私ファンクラブに入っているから、やりましょうか。
ジゥ	本当、助かる！！　私、前回のライブはチケット取れなくてさ。今度は絶対『口笛』聴きに行きたいの。
彩	任せてください。取れれば、よどんだ街の景色さえ愛しさに満ちてきますよ。だって、ライブの日まで楽しみでしょうがなくなっちゃいますからね。普段の生活も変わっちゃったりして。
ジゥ	あー、それ『口笛』の歌詞ね。確かにね。それじゃ、また取れたかどうか、教えてね。

タスク

メッセージの込められた歌詞

あなたがこれまでに聞いた曲の中で、歌詞からメッセージを感じた曲を探し、歌詞の中で最も強く心に響いた部分を紹介してください。次のような要素を盛り込んで書いてみましょう。
「歌手の活動の歴史」「その曲が出た時代のこと」「どうしてその歌詞に心を打たれたのか」など。

ウォームアップ

夢中になって取り組んでいることに対して、第三者から批判されたことはありますか。あなたはそれをどのように感じ、どう対処しましたか。

読む前に

① 広中は何の研究をした人物ですか。

② 広中は研究成果を出すのにどれくらいの年月がかかりましたか

③ 広中が大切にしていた信条は何ですか。

逆境を糧とし、最後までやり抜くこと

人は、何かに夢中になっている時は、たとえ苦労であっても、苦労を苦労と思わないのだ。

広中平祐（ひろなかへいすけ）（1931〜）
日本の数学者・大学教授。日本人で二人目のフィールズ賞受賞者。

17

逆境を糧とし、最後までやり抜くこと

CD2・23

● **理学部**
大学の学部の一つ。数学・物理学・化学・生物学・地球科学などの教育や研究を行う。

● **代数幾何学**
数学の一分野。多項式の零点のなす集合を幾何学的に研究する。

● **フィールズ賞**
カナダの数学者ジョン・チャールズ・フィールズによって作られた数学の賞。

● **数理科学**
数学および数学を応用した学問分野の総称。

　広中平祐は、日本を代表する数学者です。彼は1931年に山口県で生まれ、京都大学の理学部を卒業後、ハーバード大学大学院の数学科で博士号を取得し、その後コロンビア大学などで教鞭を執りました。彼は1970年に代数幾何学の分野における研究で、数学のノーベル賞と呼ばれるフィールズ賞を受賞しました。

　広中がその分野で「特異点解消」という代数幾何学の大問題を解決するまでには、２度の失敗を含めて８年もの年月がかかりました。その間、彼が尊敬する数学者達から、「君のやり方では絶対に解けない」、「君のやろうとしている証明は大嘘である」と厳しい言葉を投げかけられたこともありました。「人は、何かに夢中になっている時は、たとえ苦労であっても、苦労を苦労と思わないのだ」という広中の言葉には、そのような苦労をものともせず、自分が心惹かれた問題にただひたすら取り組み続けた、彼の数学に対する情熱が表れています。

　また、広中は数理科学に情熱をもつ若者たちのためにセミナーを主催したり、小学校の算数の教科書を執筆したりするなど、教育にも力を注いできました。彼は若者に向けて書いた著書の中で、「世の中で成功した人は、大抵、逆境を自分の人生にプラスに取り込んでいく能力をそなえているように私には見える。創造にも、この逆境が深く関係している、といわなければならない」、「私は、人の二倍は時間をかけることを信条としてきた。そして、最後までやり抜く根気を意識的につちかってきた。最後までやり抜かなければ、その過程がいかに優れていても、業績ゼロだからである」とも述べています。逆境にあっても挫けず、むしろその逆境を人生の糧とする。どんな苦労があっても諦めず最後まで努力する。一見簡単そう

にみえるこれらのことを続けることこそが、もっとも難しくもっと
も大切なことであると、広中は伝えたかったのでしょう。

　　　　名言の出典：広中平祐『生きること　学ぶこと』集英社

読解チェック

Q1 下線部は、広中がどのような状態の時に生まれた言葉であるか。不適当なものを一つ選びなさい。

1　思ったような結果を出すことができず、研究を諦めようとしていた時。

2　研究の内容を他の数学者達に批判されていた時。

3　数学というものに対して、とても大きな情熱を注いでいた時。

4　長い年月がかかったとしても、いつか問題を解決したいと努力し続けていた時。

Q2 広中は、どのようなことを続けることがもっとも難しくもっとも大切なことであると考えているか。本文の中からそれぞれ25字程度で二つ抜き出しなさい。

・＿＿＿＿＿＿＿＿＿＿＿＿＿＿＿＿＿＿＿＿＿＿＿＿＿＿＿＿こと。

・＿＿＿＿＿＿＿＿＿＿＿＿＿＿＿＿＿＿＿＿＿＿＿＿＿＿＿＿こと。

Q3 本文中から読み取れる広中の信条として、当てはまるものには〇、当てはまらないものには×をつけなさい。

1　（　　）成功するためには、要領よく物事を進めることが必要である。

2　（　　）逆境をプラスにとらえることで、成功につなげることができる。

3　（　　）不可能だと分かったら、すぐに諦めて別の方法に挑戦したほうがよい。

4　（　　）たとえ多大な時間をかけたとしても、根気強くやり通すべきである。

- 逆境ぎゃっきょう　　　　　역경
- 糧かて　　　　　　　　　양식
- やり抜ぬく　　　　　　　끝까지 해내다
- 教鞭きょうべんを執とる　교편을 잡다
- 投なげかける　　　　　　던지다, 보내다
- ひたすら　　　　　　　　오로지, 한결같이
- 取り組むとりくむ　　　　맞붙다, 몰두하다
- 若者わかもの　　　　　　젊은이, 청년
- 主催しゅさいする　　　　주최하다

- 取り込むとりこむ　　　　거두어 들이다, 끌어들이다
- 信条しんじょう　　　　　신조
- 根気こんき　　　　　　　끈기
- つちかう　　　　　　　　기르다, 북돋우다
- いかに　　　　　　　　　어떻게, 얼마나
- 業績ぎょうせき　　　　　업적
- 挫くじける　　　　　　　꺾이다, 좌절되다

語彙・表現を深める

やり抜く　物事を最後までやって、終わらせる
最近、物事を途中で投げ出し、最後まで**やり抜く**ことのできない子供が増えてきている。

教鞭を執る　教師として学生に教える
田中先生は会社をやめ、大学で**教鞭を執る**ようになって、もう15年になる。

投げかける　相手に対して言葉や視線を送る
歌手は歌を通して社会に色々なメッセージを**投げかける**ことのできる職業だ。

ひたすら　ただ一つのことを行なう様子／ただそれだけ／ひとすじに
取引先との交渉が失敗した事について、**ひたすら**謝ったものの、部長の機嫌は一向によくならなかった。

取り組む　熱心に物事を行う
地球温暖化防止に少しでも貢献できるように、家では節電に**取り組んで**います。

根気　一つの物事を長く続けてやることができる力
ステンドグラス作りは、切ったガラスを一枚一枚組んでいく**根気**のいる作業なのです。

いかに　どんなに／どれほど／どれだけ
本当に質がいい商品は、**いかに**値段が高くとも売れるものだ。

たとえ～ても　아무리 ～라고 해도

まだ起こっていないことを仮定し、その逆接を後ろで述べる際に使う。

- **たとえ**「その大学には合格できない」と言われたとして**も**、僕は挑戦してみようと思っている。
- **たとえ**明日死んでしまって**も**、悔いのない人生だったと思えるような生き方をしたい。

～をものともせず　～을 아랑곳하지 않고, ～을 개의치 않고

「～を問題に思わないで」「～を気にしないで」という意味。

- ボクシングを見ていたら、小柄な選手が、相手の体格がはるかに良いの**をものともせず**、力強いパンチを浴びせていた。
- 失敗**をものともせず**、それをバネにして次へ向かう姿勢が大切です。

～を…とする　～을 …로 하다(삼다)

「AをBとする」の形で、「BはAである」ということを表す。

- 今月の展覧会は、1800年代の西洋の絵画**を**テーマ**として**いるそうです。
- 何**を**生きがい**とする**かは個人の自由ですが、私の場合は家族との生活です。

～にあって　～에서, ～에 있어서

「～において」と同じく、「～の状態・状況で／～という場所で」の意味を表したり、単に場所を表す助詞「で」を表したりする表現。

- 財政難の時代**にあって**は、お金を本当に必要とする場所に回すことが出来ない。
- 私の国だけでなく、海外**にあって**も、少子化の問題は深刻化している。

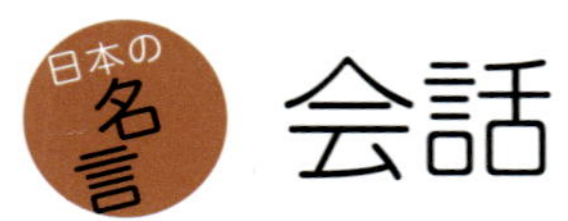 会話 

<研究室で、大先輩の山田さんを見ながら……> CD2・24

彩　ねぇ、見てくださいよ。山田さんってば、また研究に没頭し始めたみたいですね。一昨日からずーっと研究室にこもりっぱなし。

ジウ　三ヶ月に一度、研究*漬けになる周期が訪れるみたいだよ。

彩　有名ですよね、山田さんのその話。
でも、うらやましいなぁ。あんなに研究に集中することができて。
私、最近スランプに陥っていて、研究が全然楽しくないんです。

ジウ　辛いよね、その状態。そうだ。「人は、何かに夢中になっている時は、たとえ苦労であっても、苦労を苦労と思わないのだ」っていう言葉を知ってる？
広中平祐っていう数学者の言葉なんだけど。

彩　なんかジーンとくる言葉ですね。かっこいいなぁ。
研究が進まないからと言って、投げ出してしまえば何も進まない。
私は今、どうにかして研究が進むように、夢中になって色々と試行錯誤したほうがいいんですね。

ジウ　でも、研究に夢中になりすぎるのも困るよね。

彩　研究中の山田さんの格好は、さすがに……。

ジウ　いつまでも彼女ができないのも無理はない……かもね。

---

*〜漬け：〜だけに集中すること。〜だけをすること。

今までの生活の中で、何かに失敗したり、壁にぶつかったりしたことはありますか。その時のことを思い返してみましょう。

- それはいつのことですか。　　　　　　　　＿＿＿＿＿＿＿＿＿＿＿＿＿
- どのようなことですか。　　　　　　　　　＿＿＿＿＿＿＿＿＿＿＿＿＿
- どんな感情になりましたか。　　　　　　　＿＿＿＿＿＿＿＿＿＿＿＿＿
- どんなことを考えましたか。　　　　　　　＿＿＿＿＿＿＿＿＿＿＿＿＿
- その状態はどれくらい続きましたか。　　　＿＿＿＿＿＿＿＿＿＿＿＿＿

また、あなたは具体的にどんなことをして、その状況から抜け出しましたか。そして、その失敗体験とそれを克服した経験は、今のあなたにどのように影響していますか。以上のことを書き出し、グループで話してみましょう。

最後に、クラスメイトの話や教科書の本文を考慮に入れて、今後、あなたにとって大きな壁にぶつかった時、あなたはそれをどのように感じると思いますか。そして、どうやってその状況を良い方向へと変えようと思いますか。考えてみましょう。

ウォームアップ

今までに学んだことのある言語はいくつありますか。
思い出してみましょう。
その言語と自分の言語で似ていたところ、似ていなかっ
たところを、覚えているだけ書き出してみましょう。

読む前に

① これまでの言語学では、日本語はどのように考えられ
　ていましたか。

② 金田一春彦は『日本語』という本において、何を使って
　日本語の魅力や謎を説明していますか。

③『日本語』を出版することで、彼は何を伝えたかったの
　でしょうか。それを表す部分を抜き出しなさい。

学者

日本語と冷静につきあうために

世界の言語は五〇〇〇ぐらいあると聞く。こんな多くの言語の中で日本語だけが持っているという性質は、さぞ少なかろう。

金田一春彦（1913～2004）
日本の言語学者、国語学者。国語辞典などの編纂、方言の研究で有名である。

日本語と冷静につきあうために

CD2・26

　日本人は、❶「日本語は特別な言語である」という発想を持ち続けてきた。歴史を振り返れば、日本語は神の言葉であるから他の言語とは違うのだと神聖化されることもあったし、日本が悲惨な戦争をした原因は日本語にあるとけなされることもあった。系統が不明な言語であるからこそ、神国思想と結びつけられたり、戦争への反省へと結びつけられたりしてきた。言語学においても、欧米の言語と大きく異なる敬語・助数詞・助詞などに注目して、日本語は特殊であるとする議論が根強かった。しかし、アジアの諸言語と比べてみればすぐわかるように、敬語・助数詞・助詞などは日本語固有のものではない。このことを指摘したのが、金田一春彦である。

　金田一春彦は国語学の分野で、方言研究をはじめ、アクセント研究、辞書の編纂など、多岐にわたる業績を残している。しかし彼がすごいのは、専門家としての業績もさることながら、日本語のおもしろさを一般の人向けにわかりやすく伝えたところである。『日本語』というタイトルで1957年に出版された著作では、聞き間違いや漫才などという身近な現象から日本語の魅力や謎を解説している。『日本語』は、1988年に出た新版も含めると、100万部を超えるロングセラーとなった。彼は、エスキモーの言語には雪を表す語彙が、モンゴル語には馬を表す語彙が、そして日本語には魚を表す語彙が他の言語に比べ、豊富であるという例などを挙げて、言語ごとの特徴なども指摘しているが、彼の研究の根底に流れているのは、「世界の言語は五〇〇〇ぐらいあると聞く。こんな多くの言語の中で日本語だけが持っているという性質は、さぞ少なかろう」という言葉にあるような、「日本語の特殊性を強調しすぎてはいけない」という考え方である。

❷「自分の母語は、一体どういうものであるか」という疑問は、外国人との接触を通じて考えさせられることが多い。日本社会が今後、大規模に海外の労働力を受け入れることになったりすれば、結果として個人レベルでの異文化接触の機会も増えるであろう。そうなると日本語への注目が高まることにもなる。半世紀も前に出版された『日本語』は、まだまだその価値を失うことはない。この本からは「日本語に注目するのはいいけれど、あまり特殊性ばかりを強調してはいけませんよ」という彼の温和な声が聞こえてきそうである。

名言の出典：金田一春彦『日本語』岩波新書

読解チェック

Q1 ❶「「日本語は特別な言語である」という発想」について、金田一はどのように考えていたか。本文と合致するものを一つ選びなさい。

1　日本語は、神聖化されなければならないものである。

2　戦争の起こりは、日本語の形式に起因する。

3　日本語は、それほど特殊な言語ではない。

4　日本語固有の特徴は多い。

Q2 金田一の研究の特徴を表している箇所を26字で抜き出しなさい。

（　　　　　　　　　　　　　　　　　　　　　　　　　　　　）ところ。

Q3 ❷「「自分の母語は一体どういうものであるか」という疑問は、外国人との接触を通じて考えさせられることが多い」ということについて、以下の空欄に語句を入れ、文を完成させなさい。

言語とは（❶　　　　　　）なものであり、一つの言語だけを取り上げてその（❷　　　　　）を述べることは難しい。つまり、「自分の（❸　　　　　）がどのようなものであるか」という疑問に対しても、それだけに注目して答えが出るのではなく、（❹　　　　　）や（❺　　　　　）との接触を通して、それぞれの言語の（❻　　　　　）が強調され、母語に対する（❼　　　　　）が進むのである。

語彙・表現ボックス

• さぞ	필시, 아마, 추측건대		• 語彙ごい	어휘
• 神聖化しんせいかする	신성화하다		• 根底こんてい	근저, 밑바탕, 기초
• 悲惨ひさん	비참함		• 母語ぼご	모국어
• けなす	헐뜯다, 비방하다		• 接触せっしょく	접촉
• 不明ふめい	명확하지 않음		• 大規模だいきぼ	대규모
• 固有こゆう	고유		• 受け入れるうけいれる	받아들이다
• 指摘してき	지적		• 異文化いぶんか	이문화
• 編纂へんさん	편찬		• 高たかまる	높아지다
• 多岐たきにわたる	다방면에 걸치다		• 温和おんわ	온화함, 부드러움
• 聞きき間違まちがい	잘못 들음, 잘못 물음			

語彙・表現を深める 

さぞ
(あとに推量の語を伴って)きっと
一人娘が海外に留学するとは、**さぞ**心配が多いことでしょう。

けなす
人や物について悪く言う
他人のことを**けなす**よりも、自分自身の能力や魅力を高めることのほうが大切である。

多岐にわたる
物事が多方面に分かれている／道がいくつにも分かれている
彼女は、専門分野の研究に力を入れていることは言うまでもないが、**多岐にわたる**分野での活動が高く評価されている。

聞き間違い
間違って聞くこと／相手の意図を取り違えて聞くこと
電話で話すときは、特に**聞き間違い**をしやすい言葉ははっきりと発音したほうが良い。

受け入れる
人や物を迎え入れて面倒を見る／人の意見や要求を認める
ある大学では、留学生を**受け入れる**ための大規模なプロジェクトが計画されているそうだ。

重要文法

～をはじめ／～をはじめとする　～을 비롯해／～을 비롯한

「～をはじめ、…」という形で、「～」を代表例として、いくつかの物事を列挙する際に使用する。

- 原油価格の高騰（こうとう）**をはじめ**、食料品や日用品の値上がりも急速に進んでいる。
- 消費税率がアップすることは、フリーター**をはじめとして**、派遣社員や賃金の低い労働者の負担を大きくするだけだ。

～もさることながら　～는 물론

「AもさることながらB」の形で、「Aが注目に値することはもちろんだが、Bもそうである」ということを表す。

- 木村さんは、上司との付き合いを大切にすること**もさることながら**、後輩にも優しく接するすばらしい人である。
- 朴さんの闘病生活（とうびょう）での努力**もさることながら**、それを支えた奥さんの努力も計り知れないものでしょう。

～向け　～대상

「～を対象に」「～を意識して」ということを表す。

- 子供が学校から帰ってくる時間には、多くの子供**向け**（む）番組が放送されます。
- 日本人観光客**向け**のパンフレット作成のために、翻訳の仕事を頼まれた。

～に比べ　～에 비해

他のものと比較する表現。

- 今使っている携帯電話の料金プランは、他社**に比べ**、安い方だと思う。
- 交通事故の件数が、昨年**に比べ**増加したので、警察は事故防止に一層力を入れるそうだ。

<日本語の勉強をしているヨンハに>　CD2・27

彩　ヨンハは、今みたいに日本語を話せるようになるまでに、何か苦労したことはある？

ヨンハ　そうだなぁ、やっぱり発音かなぁ。文法はそんなでもなくて。

彩　ヨンハでも苦労したところがあったんだ。
んー、私も勉強したら韓国語がペラペラになるかなぁ。

ヨンハ　そうそう。韓国語にも日本語にも共通する部分はたくさんあるし、勉強すれば案外簡単に習得できると思うよ。

彩　言語学者の金田一春彦は、「日本語の特殊性を強調しすぎてはいけない」と考えていたけど、それってどの言語にも共通している性質があるっていう意味を含んでいるのかな。

ヨンハ　なるほど。彩、韓国語を話せるようになったら一緒に韓国へ……。

彩　（ヨンハの話を*さえぎり）やったー。そしたら憧れのパク様とお話できるチャンスが訪れるかもー！

---

*さえぎる：途中で止めること。

あなたの語学学習法はどのようなものですか。日本語を学習する際に、以下の点に関して、どのような方法をとっているでしょうか。それをまとめてみましょう。また、日本語以外の言語の場合には、それと同じ方法をしていますか。２つの言語の学習法に違いがあれば、比較をしてみましょう。

① 単語を覚える

② 会話を上手くする

③ 作文の力を上げる

④ 文章を速く読めるようにする

各自がまとめたものをクラスで紹介し、クラスメイトの方法について、「自分もやってみたいと思う」、「あまり有効な方法と考えられない」など、感想を言い合ってみましょう。最後に、これからの自分の学習方法をまとめましょう。

付録

1. 身体の「不自由」は個性の ひとつ -乙武洋匡

読む前に

① 頭・右腕(右手)・左腕(左手)・右足・左足

② 障害を持って生まれ、五体が満足ではなかったから。

③ 個性

読解チェック

Q1 健康で体に障害がなく(生まれてくること)

Q2 1○　2×　3×　4○

Q3 3

2. 親から子への恩返し

-山田風太郎

読む前に

① 推理小説、時代小説、日記

② 2人の子どもが生まれ、名前を付けられ、歩きはじめ、言葉を覚え、学校へ入り、毎日喧嘩しながら元気に育ってゆく姿。

読解チェック

Q1 娘が結婚したときに、自分が書いていた日記(「育児日記」)をプレゼントした。

Q2 山田風太郎は幼い頃に両親を亡くしていたから。

Q3 4

3. 栄光と挫折から真髄を極める -羽生善治

読む前に

① 成功：25歳にして、史上初の七冠制覇を成し遂げたこと。

② 挫折：7つの称号のほとんどをライバル達に奪われたこと。

③ きっかけ：ベテランの棋士が、還暦を過ぎても若手の棋士を相手に真剣勝負で将棋を指している姿を見たこと。

読解チェック

Q1 2

Q2 あらゆる分野の第一線で活躍するプロフェッショナルたちの、人生経験や仕事哲学などを知ることが出来る番組。

Q3 デビューからわずか10年で棋界の頂点に立ってしまった(こと)

Q4 ① 還暦　② ベテランの棋士　③ 手を抜く

[韓国語訳] 단지 승부에 이기는 것만을 생각하는 것이 아니라 생애에 걸쳐서 자신의 장기를 연구하는 것(다만 승부에 이기는 것만을 생각하는 것이 아니라, 생애를 걸고, 자신의 장기를 궁구하는 것)

4. 最大のライバルは自分自身

-イチロー

① (例)アメリカのメジャーリーグで活躍している／1994年から2000年までの7年間連続でパ・リーグの首位打者となった／2001年、ア・リーグの新人王・MVP・首位打者・盗塁王／2004年、メジャー最多安打記録／他人と比較するのではなく、自分自身の中で比較している

② 日本：7年間連続してパ・リーグの首位打者となった。

  アメリカ：2001年に、年間200本安打、ア・リーグの新人王、MVP、首位打者、盗塁王を獲得した。

③ 他人と比較して自分を評価するのではなく、自分の中に評価の基準を置くという価値観。

読解チェック

Q1 1× 2○ 3× 4○

Q2 4

Q3 ① 評価 ② 外 ③ 内 ④ 孤独感
  ⑤ 価値基準 ⑥ 難しい

---

5. 天分をもってサービスにつくせ──神様の経営哲学

-松下幸之助

① 1894年、和歌山県和佐村で生まれた。

  1903年、火鉢店で奉公をしたり、自転車店の小僧として働いた。

  1918年、松下電器製作所を創立した。

  1946年、PHP研究所を創設した。

  1989年、松下は逝去した。

② ・一企業の売上や利潤を最大化するという小さな目的の中にとどまるものではなく、社会全体の繁栄や幸福をもたらそうとするものだ。

  ・明るく住みよい社会を築く。

  ・すべての人間には使命があり、各人が天から与えられた才能を最大限に発揮して働けば、より良い社会が実現する。

  ・頭の良い人は頭脳で、力のある人は大きな力で、優しい人はその心をもって精一杯のサービスをする。そうすれば社会全体の繁栄が自然と導かれることになる。

読解チェック

Q1 3

Q2 1：組織改革や週5日制の導入などを、他社をよそに先駆けて実施(した)

  2：PHP研究所を創設し、人々の平和と繁栄・幸福に関する諸問題を研究(した)

Q3 2

6. 全ての人に知を与えるために -岩波茂雄

① 夏目漱石(など)。

② 文学、哲学、科学、歴史などあらゆる分野にわたって、日本や世界の有名な著作を低廉な価格で販売するシリーズ。

③ 一部のエリート階級しか触れることのできなかった「教養」を庶民のものとすること。

Q1 1

Q2 万人が読むべき古典の指針、必読書の目録としての役割を果たすとともに、それまでは一部のエリート階級しか触れることのできなかった「教養」を庶民のものとすること。

Q3 2

---

7. 少女たちの「常住」と「無常」
-川原泉(司城史緒)

① (例)作品そのものはコメディとして成立している／主人公は、一見すると悲壮感の漂う設定が施されている／のほほんとしたキャラクターと独特の作画で描かれている／哲学的な含蓄に満ちた台詞が特徴的である

② (例)片親であったり、天涯孤独であったりといった、一見すると悲壮感の漂う設定／のほほんとしたキャラクター／恵まれない境遇に生まれ育ちながらも、いたずらに悲観することはない

③ この世は諸行無常なのだ。

Q1 時代劇のいつ見ても変わらぬパターンが繰り返されることに安心感を覚えるから。

Q2 兄とともに生活すること

Q3 今まで通り兄妹で暮らし、兄の老後の面倒をみること。

Q4 2

---

8. 非情な男の思いやり
-手塚治虫(ブラックジャック)

① 医者

② (貧乏人にも) 一千万円単位の報酬を要求するから。

(傲慢な人間には) 冷たく、手術をすると見せかけて結果的に殺してしまうことさえあるから。

読解チェック

Q1　1

Q2　－自分が命をかけて手術しているということを認めてもらうため。

　　－患者の治して欲しいという覚悟を測るため。

Q3　① つるべ　② 朝顔　③ 水を汲む
　　④ 隣の家　⑤ 病院　⑥ 患者　⑦ 息子
　　⑧ 友人

9.　歴史を越えた相互理解

－鷺沢萠

読む前に

① 一世代前：差別があった。
　現在：差別する意識など抱いていない。

② 分かり合うための努力をしないままに、表向きの日韓交流が盛んになったこと。

読解チェック

Q1　① 祖国の民族の血　② 国籍
　　③ 韓国人　④ アイデンティティー

Q2　[日本]：「反韓」や「嫌韓」をあらわにする出来事がある。

　　[韓国]：依然として反日感情は無くなっていない。

Q3　1，4

10.　多様性を認める愛の詩

－金子みすゞ

読む前に

① 病に侵されて早逝し、彼女の作品は散逸してしまったから。

② 児童文学者の矢崎節夫が『金子みすゞ全集』を編集したこと。

③ 「みんなのうた」という番組で放送されたり、首相が国会答弁で引用したりしたこと。

読解チェック

Q1　1○　2×　3×　4○

Q2　① 知名度　② NHK　③ 能力
　　④ 可能性　⑤ 定着

Q3　4

11.　「ありきたり」な努力を
　　着実にこなし、成果へと
　　つなげる －松井秀喜

読む前に

松井の発言
もし、失敗に絶望している人がいれば、こう思えませんか。「成功率３割を目指している松井よりはマシか」と。
→少々の失敗を犯したところで悩んだりはせずに、「仕事で７割も失敗している松井に比べればマシ」と思って前向きに生きて欲しい。

松井の発言
思い通りにいかなくても「まぁ、いいか」ぐらいに思っていると、うまくいくような気がします。
→コントロールできない過去よりも、変えていける未来にかける、悔しさは『過去』ではなく『未来』へぶつけるのだ。

読解チェック

Q1 前向き(前向きな姿勢)・謙虚(謙虚な姿勢)

Q2 3

Q3 1

---

12. つまらない世の中を面白く生きるためには -高杉晋作

読む前に

① 蜂の巣をつついたような大騒ぎ

② 農民や商人からなる反乱軍。

③ 世の中をおもしろく「住みなす」べく知恵を絞り、刻苦勉励し、そして勇断を下してゆくこと。

読解チェック

Q1 ① 鎖国　② 1853　③ 外国船
　　④ 欧米　⑤ 日本の現状

Q2 1×　2×　3×　4○

Q3 3

13. 成功や失敗にとらわれず努力し続けた実業家 -渋沢栄一

読む前に

① ヨーロッパ視察で近代的な金融システムを目の当たりにしたこと。

② 約500の営利事業や、約600の教育機関や社会貢献事業に携わった。

③ 障害を恐れず、自分を信じ、何事にも誠実に突き進んでいくことが大切である。／運命というものは天の意思によって定められているものであるが、決して転換が利かないものではない。

読解チェック

Q1 人々に必要とされる事業を行い、利益は社会に還元する(という主義)

Q2 ① 銀行　② 営利事業　③ 利益
　　④ 国　⑤ 第一国立銀行　⑥ 株式会社
　　⑦ 社会貢献

Q3 2

Q4 1

---

14. 自分のスタイルに従う映画作り -小津安二郎

読む前に

① カメラをローアングルに構えてほとんど
移動させず、登場人物のスローテンポな
会話で進行していくところ。

② 古い方法から抜け出そうと新しい方法に
挑戦しながら失敗を繰り返し、自分の方
法を洗練させていき、自分の方法を確立
させていった。

③ 子供の成長や結婚、親との死別といった
家族の変遷と崩壊。

Q1 ① サイレント　② コンテ　③ セット
④ 低い　⑤ カメラ

Q2 大正時代のモダニズムが、戦前・戦後
を通して崩れていく様子や、日本の家
族を取り巻く風景の移り変わり。

Q3 2

---

15. 好奇心を持つことの大切さ
-浦沢直樹(平賀・キートン・太一)

① 学びへの好奇心が落ちている。

② 子供たちの好奇心を奪ってしまうという
問題。

③ あらゆることに楽しみを見出しながら好
奇心を持ち続けるキャラクター。

④ いくら押し付けられた勉強がつまらなか
ったとしても、学問の本当のおもしろさ

は伝わるはずだというメッセージ。

Q1 ① 学級崩壊　② 授業崩壊　③ 誰でも
行くことができ、行かなければならな
い場所　④ やる気がなくなり
⑤ したくなって

Q2 学問は好奇心に満ちた(ワクワクドキド
キする)ものだということ。

Q3 3

---

16. 日本のポップミュージックをリードするロックバンド -Mr. Children

① innocent world：爆発的なヒット、レコー
ド大賞

DISCOVERY：全体として暗く重い調子
の作品集、プラスのイメージを読み取
れない

② 人生のあるふとした瞬間にぱっと世界の
見え方(が変わる様子)

Q1 メッセージ性の強い歌詞や阪神大震災
にCDの売上金を寄付するといったチャ
リティー活動に積極的だったため。

Q2 1

Q3 活動を休止したとき：ファンは動揺した。

活動を再開したとき：彼らの復帰を喜んだが、曲からプラスのメッセージを読み取ることができずに戸惑った。

---

17. 逆境を糧とし、最後までやり抜くこと -広中平祐

① 代数幾何学・特異点解消

② 8年

③ 人の二倍は時間をかけること。

Q1 1

Q2 －逆境にあっても挫けず、むしろその逆境を人生の糧とする(こと)

－どんな苦労があっても諦めず最後まで努力する(こと)

Q3 1× 2○ 3× 4○

---

18. 日本語と冷静につきあうために -金田一春彦

① 日本語は特殊である。

② 聞き間違いや漫才などの身近な現象。

③ 日本語の特殊性を強調しすぎてはいけない。

Q1 3

Q2 日本語のおもしろさを一般の人向けにわかりやすく伝えた(ところ)

Q3 ① 相対的　② 特殊性　③ 母語
④ 外国人　⑤ 異文化　⑥ 違い
⑦ 理解／注目

あ

さ

ま

■ 집필자

조남성(趙南星)

국제대학 일어일문학과 졸업
쓰쿠바(筑波)대학 지역연구연구과 졸업 (국제학석사)
쓰쿠바(筑波)대학 문예·언어연구과 박사과정 수료
도호쿠(東北)대학 (문학박사)
현)한밭대학교 일본어과 교수
전자우편 : chons@hanbat.ac.kr

김의영(金義泳)

덕성여자대학교 일어일문학과 졸업
한국외국어대학교 교육대학원 졸업 (교육학석사)
와세다(早稲田)대학 일본어교육연구과 졸업
(일본어교육학석사)
와세다(早稲田)대학 일본어교육연구과 박사과정 수료
현)쿄린(杏林)대학 외국어학부 출강
전자우편 : cara202@gmail.com

다나카 유스케(田中祐輔)

쓰쿠바(筑波)대학 제2학군 일본어·일본문화학류 졸업
현)와세다(早稲田)대학 일본어교육연구과 석사과정
전자우편 : y.tanakaoffice@gmail.com

이이즈카 토모코(飯塚知子)

쓰쿠바(筑波)대학 제2학군 일본어·일본문화학류 졸업
현)쓰쿠바(筑波)대학 문예·언어연구과 석사과정
전자우편 : 396tomozo@gmail.com

가와바타 유이치로(川端祐一郎)

문화(文化)복장학원 복식전문과정 복장과 졸업
쓰쿠바(筑波)대학 제1학군 사회학류 졸업
현)우편사업주식회사 근무
전자우편 : y.kawabata@khc.biglobe.ne.jp

■ 본문별 집필자

伊藤麻里紗（早稲田大学国際教養学部）	01
川端祐一郎	02, 03, 06, 11
田中佐二郎（神奈川県立瀬谷高校国語科教諭）	04
上笹恵　　（大月市立短期大学勤務）	05
松井由美　（フリーライター）	07
伊藤海彦　（筑波大学第一学群社会学類）	08
山田晋也　（都内勤務会社員）	09
石田裕美　（JALホテルズ勤務）	10
岩田一成　（広島市立大学国際学部）	12, 15, 18
飯塚知子	13
関田庸介　（出版編集者）	14
平塚夏紀　（筑波大学大学院教育研究科）	16
室岡健志　（東京大学大学院経済学研究科）	17

■ 「語彙・表現を深める」作성 협력

伊藤文　　（筑波大学大学院人文社会科学研究科）
湯本かほり（筑波大学大学院人文社会科学研究科）

■ 이미지·구성 협력

梁元碩　　（筑波大学大学院人間総合科学研究科）
松本和晃（法律事務所勤務）

■ 교재 사용(試用) 협력

趙南星
岩田一成（広島市立大学国際学部）

스토리로 읽는 유명인의 **말 · 말 · 말**

메이겐 독해 일본어 1

지은이 조남성, 김의영, 田中祐輔, 飯塚知子, 川端祐一郎
펴낸이 정규도
펴낸곳 (주)다락원

초판 1쇄 발행 2008년 8월 15일
초판 7쇄 발행 2023년 3월 8일

편집국장 김현자
책임편집 송화록, 김은경
디자인 이수민, 오연주

다락원 경기도 파주시 문발로 211
내용문의: (02)736-2031 내선 460~465
구입문의: (02)736-2031 내선 250~252
Fax: (02)732-2037
출판등록 1977년 9월 16일 제406-2008-000007호

Copyright © 2008, 조남성, 김의영, 田中祐輔, 飯塚知子, 川端祐一郎

저자 및 출판사의 허락 없이 이 책의 일부 또는 전부를 무단 복제 · 전재 · 발췌할 수 없습니다. 구입 후 철회는 회사 내규에 부합하는 경우에 가능하므로 구입문의처에 문의하시기 바랍니다. 분실 · 파손 등에 따른 소비자 피해에 대해서는 공정거래위원회에서 고시한 소비자 분쟁 해결 기준에 따라 보상 가능합니다. 잘못된 책은 바꿔 드립니다.

값 13,000원(교재+오디오 CD 2장)

ISBN 978-89-5995-404-9 18730
       978-89-5995-403-2 (세트)

http://www.darakwon.co.kr

- 다락원 홈페이지를 방문하시면 상세한 출판 정보와 함께 동영상강좌, MP3 자료 등 다양한 어학 정보를 얻으실 수 있습니다.
- 다락원 홈페이지 자료실에서 **본문 · 회화 해석**과 **MP3 파일(무료)**을 다운로드 받으실 수 있습니다.